신경을 껐더니
잘 풀리기 시작합니다

초판 1쇄 인쇄 2020년 9월 14일
초판 1쇄 발행 2020년 9월 21일

지은이 에노모토 히로아키   **옮긴이** 위정훈

펴낸이 이상순   **주간** 서인찬   **편집장** 박윤주   **제작이사** 이상광
기획편집 박월, 이주미, 이세원   **디자인** 유영준, 이민정
마케팅홍보 신희용, 김경민   **경영지원** 고은정

펴낸곳 (주)도서출판 아름다운사람들
주소 (10881) 경기도 파주시 회동길 103
대표전화 (031) 8074-0082   **팩스** (031) 955-1083
이메일 books777@naver.com
홈페이지 www.books114.net

생각의길은 (주)도서출판 아름다운사람들의 교양 브랜드입니다.

ISBN 978-89-6513-619-4 03180

NAZE IYA NA KIOKU HA KIENAINOKA
© Hiroaki Enomoto 2019
First published in Japan in 2019 by KADOKAWA CORPORATION, Tokyo.
Korean translation rights arranged with KADOKAWA CORPORATION,
Tokyo through Eric Yang Agency Inc, Seoul.

이 책의 한국어판 저작권은 에릭양에이전시를 통해
저작권사와 독점 계약한 (주)도서출판 아름다운사람들에 있습니다.

이 도서의 국립중앙도서관 출판예정도서목록(CIP)은 서지정보유통지원시스템 홈페이지(http://seoji.nl.go.kr)와
국가자료종합목록구축시스템(http://kolis-net.nl.go.kr)에서 이용하실 수 있습니다. (CIP제어번호 : CIP2020036007)

신경을 껐더니
잘 풀리기 시작합니다

꼬리에 꼬리를 무는

독이 되는 생각 정리 심리학

에노모토 히로아키 지음

위정훈 옮김

성공한 사람들에게 보이는
공통적인 특징

인생을 돌아보면서 후회뿐인 인생이었다, 할 수만 있다면 다시 한번 살아보고 싶다고 한탄하는 사람이 있다. 생각대로 되지 않은 일도 너무 많고 왜 내가 이런 일을 당해야 하나, 하는 생각까지 드는 일도 너무 많다고 침통한 표정으로 말하는 사람도 있다.

반면에 이런저런 사건들이 있기는 했지만 나름 좋은 인생이었다고 만족하는 사람도 있다. 그런 사람은 과연 좋은 일만 있었던 인생이었을까.

오래 살다 보면 기쁜 일, 즐거운 일, 자랑스러운 일뿐 아니라 괴로운 일, 슬픈 일, 화가 나는 일을 반드시 경험하게 된다. 후회하는 일도 물론 있을 것이다. 생각지도 못했던 불행에 휘말려들 수도 있다.

아무리 애를 써도 생각대로 되지 않은 인생이지만, 그래도 되도록 긍정적으로 살고 싶은 법이다. 그래서 나는 어떤 인생이라도 긍정적으로 살아갈 수 있는 힌트를 제시하려 한다. 그것이 이 책의 목적이다.

그러면 어떻게 하면 인생을 긍정적으로 살 수 있을까. 그 열쇠를 쥔 것이 기억이다.

'기억'이라는 단어를 들으면 기억력부터 연상하는 사람이 많겠지만 이 책에서 강조하고 싶은 것은 우리 인생이 기억에 의해 유도되고 있다는 사실이다. 인생=기억이라고 해도 될 정도로 우리의 인생은 기억에 의존하고 있다.

왜 인생=기억인가, 인생이 기억이라니, 하고 고개를 갸웃하는 사람도 있을 것이다. 그렇다면 자기 인생을 돌아보면서 후회뿐이라고 하는 사람이나 나름 괜찮았다고 하는 사람의 인생은 과연 어디에 있는지 생각해보자. 그것은 그 사람 자신의 기억 속에만 존재하고 있는 것 아닌가.

그러므로 이 책에서는 내가 개발한 자기 이야기법과 기억정리법을 활용한 연구 성과를 토대로 인생을 긍정적으로 살기 위한 힌트를 제시하고자 한다. 기억정리법이라고 하면, 뭔가 미심쩍은 느낌을 받는 사람도 있을지 모르지만, 이것은 심리학자인 내가 학회 등에서 발표해온 학술적인 견해를 토대로 고안한 것이다.

나는 20년쯤 전에 '사람은 누구든지 자기의 이야기를 살아간다'라는 전제를 토대로, 마음속에 잠들어 있는 자전적 기억을 끌어내는 '자기 이야기법'이라는 상담법을 개발하여 10대에서 100세까지 수백 명에 이르는 사람들의 이야기를 들어왔다. 또한 자기 이야기법을 글로 쓰는 방법도 개발하여 수천 명의 '자기 이야기'를 수집해왔다. 그 성과는 일본심리학회, 일본발달심리학회, 일본퍼스낼리티심리학회 등에서 발표해왔다.

따라서 이 책에서 소개하는 기억정리법은 과학적 연구에 토대한 것이며 수천 명의 사람들이 말과 글로 남긴 데이터를 기초자료로 하고 있다. '자기 이야기법'을 활용하여 사람들의 인생 궤적을 더듬어가는 연구는 지금까지 20여 년 동안 계속해온 라이프 워크라고도 말할 수 있는데, 딱 10년쯤 전에 내러티브(말하기) 연구의 세계를 선도하고 있는 매캐덤스 박사가 일본의 학회에 초대되어 강연을 위해 일본에 온 적이 있었다.

그때 나는 리쓰메이칸대학에서 연구를 하고 있었기 때문에 그 학회가 끝난 뒤에 교토에서 함께 강연을 했고 다음에 이어진 모임에서도 많은 이야기를 나누었는데, 우리는 전혀 다른 방법으로 연구를 해왔음에도 불구하고 서로 공통된 것을 끌어냈음을 알게 되었다.

매캐덤스 박사는 미국의 성공한 사람들 연구를 통해 성공한 사람들에게 공통적으로 보이는 특질로 부정적인 일에서도 긍정적인 의미를 끌어낼 수 있는 능력에 주목하고 있다고 했다. 그것은 내가 일본의 평범한 사람들, 특히 우여곡절이 많은 인생사를 가진 중년과 고령자들을 대상으로 한 '자기 이야기법' 연구에서 얻은 '긍정적으로 살아가는 사람은 부정적인 일에서도 긍정적인 의미를 찾아내려 하는 심리적 경향이 있다'라는 깨달음과 일치하는 것이었다. 이런 깨달음을 토대로 고안한 것이 이 책에서 소개하는 기억정리법이다.

인생을 긍정적으로 살려면 기억을 정리할 필요가 있다. 기억정리법 요령을 익히면 마음먹은 대로 되는 일은 하나도 없는 인생이라도 긍정적으로 살아갈 수 있는 용기가 솟구친다. 무언가 안풀리는 인생을 보내고 있는 사람은 기억을 다루는 방식에 문제가 있는 경우가 많다. 이 책을 통해 기억을 다루는 법을 공부해 자신이 원하는 인생으로 바꿔가길 바란다.

제2장 신경을 껐더니
잘 풀리기 시작합니다

제3장 신경을 끄면
진짜 내가 보인다

제4장 꼬리에 꼬리를 무는
독이 되는 생각 정리법

제5장 ____ 내 운을 바꾸는 기억 전환법

제6장 원하는 삶의 시작,
새로운 시점 장착하기

제1장

평범한 사람은 끝없이 되새기고

부자들은 신경을 끈다

기억을 정리하지 않으면
미래도 꿈꿀 수 없다

기억은 우리의 삶에 윤택함을 제공하는 중요한 역할을 맡고 있다. 우리가 과거를 그리워하거나 미래를 꿈꿀 수 있는 것도 기억 덕분이다. 책이나 영화를 보면서 그리움에 젖어보거나 감동을 받거나 때로 눈물을 흘리는 것도 우리의 예전 경험과 겹쳐볼 수 있기 때문이다.

과거를 그리워할 수 없다면 우리 인생은 참으로 무미건조해질 것이다. 눈앞에 놓인 현실을 그저 살아가기만 한다면 그것은 기능적인 일만을 충실하게 해내는 로봇 같은 생활이다.

과거의 기억이 긍정적으로 정리되어 있지 않은 사람은 과거를 그리워할 수 없을 뿐만 아니라 미래도 꿈꿀 수 없다. 미래의 청사진은 과거의 사건을 토대로 그려지는 법이기 때문이다.

과거의 좋은 기억에는 자랑스러운 기분이 들게 해주고 자신감을 불러일으키는 측면이 있다. 자신의 과거를 자랑스럽게 말하는 사람이 있다. 그 사람에게 과거의 기억은 자부심과 자신감의 원천일 것이다.

한편, 과거의 좋은 기억 따위는 없다는 식으로 자포자기한 듯이 말하는 사람도 있다. 지금 내가 처한 현실을 받아들이기 힘들 경우 '그때는 잘 나갔는데 지금의 나는……'이라는 감정에 빠지게 된다.

이처럼 과거의 영광을 자랑스럽게 생각하거나 과거를 후회하는 것도 모두 기억 덕분이다. 자신에게 자신감이 있고 없고의 근거 역시 기억에 있다.

좋았던 일은 하나도 없었다는 사람도 있다. 하지만 내가 상담을 진행해가다 보면, 그리 나쁜 일만 있었던 인생이 아니었다는 것이 드러난다. 기억 속의 과거는 대단히 주관적으로 채색되어 있다. 생각해보면 행복한 느낌이든 불행한 느낌이든, 그야말로 주관적 세계이다.

기분과 기억의 신기한 관계

예전에 함께 여행을 했던 친구와 여행의 기억을 이야기해보면 서로 기억하고 있는 점이 너무 달라서 놀라기도 한다. 내가 선명하게 기억하고 있는 것을 친구는 전혀 기억하지 못한다. 반대로 친구가 기억하고 있는 일을 나는 별로 기억하고 있지 않다. 왜 그런 일이 일어날까?

거기에는 기억하는 사람의 기분과 일치하는 감정의 값을 가진 사건이 기억에 고착되기 쉽다는, 기분일치 효과가 숨어 있다.

예를 들어 이런 심리 실험이 있다.

어떤 방에서는 즐거운 일을 생각하라고 하여 행복한 기분으로 유도한다. 다른 방에서는 슬픈 일을 생각하라고 하여 슬픈 기분으로 유도한다. 그리고 각각의 방에 있는 사람들에게 똑같은 이야기를 읽게 한다. 그 이야기는 즐거운 에피소드와 슬픈 에피소드가 다양하게 묘사되어 있다.

다음 날, 전날 읽은 이야기를 생각나는 대로 모두 떠올리게 했다. 그 결과, 즐거운 기분으로 읽은 사람과 슬픈 기분으로 읽은 사람이 생각해낸 에피소드의 양은 큰 차이가 없었지만, 생각해낸 내용에서는 큰 차이가 보였다. 즐거운 기분으로 읽은 사람은 즐거운 에피소드를 많이 생각해냈고, 슬픈 기분으로 읽은 사람은 슬픈 에피소드를 많이 생각해냈던 것이다.

여기서 알 수 있는 것은 자기의 기분에 친숙한 에피소드는 기억에 새겨지기 쉽고, 자신의 기분에 별로 친숙하지 않은 에피소드는 기억에 새겨지기 어렵다는 점이다.

이런 실험 결과에서 말할 수 있는 것은 기억이란 정말로 주관적이며 우리는 눈앞의 현실을 나의 기분에 맞춰서 내 멋대로 왜곡시켜 기억한다는 점이다.

기분이 달라지면 똑같은 이야기를 읽어도 기억하는 것이 달라진다. 똑같은 이야기를 들어도 기억하고 있는 것이 다르거나, 같은 장소에서 일어난 사건에 대한 기억이 서로 다른 것은 그때의 기분이 서로 다르기 때문 아닐까.

불만이 많은 사람은
정말 억울한 일을 당한 것일까?

불만이 많은 사람이 있다. 만나면 한탄하는 말로 이야기를 시작한다. 이러이러한 짜증나는 일이 있었다, 이러이러한 심한 꼴을 당했다 등등 부정적인 일만 입에 올린다. 긍정적인 에피소드를 입에 올리는 경우는 드물다.

하지만 그런 사람은 정말로 좋지 않은 일만 겪고 있는 것일까? 그 사람 주변에서는 긍정적인 사건은 하나도 일어나지 않는 것일까?

그렇지는 않은 것 같다. 가족이나 직장 사람들 이야기를 들어보면, 그 사람은 결코 짜증나는 일만 당하고 있지 않으며 긍정적인 사건도 경험하고 있다. 불만이 많은 사람은 자신이 경험하는 수많은 에피소드 중에서 일부러 좋지 않은 에피소드만을 골라서 기억하고 있는 것이다. 그리고 한탄을 한다.

그러나 정작 본인은 그것을 자각하고 있지 않다. 자기에게는 정말로 좋지 않은 일만 일어나고 있다고 철석같이 믿고 있다. 거기에는 앞에서 소개한 기분일치 효과가 작용하고 있다.

불만이 많고 부정적인 마음으로 살면 부정적인 사건만 기억에 새겨진다. 분명히 긍정적인 사건도 경험하고 있는데 그것은 별로 기억에 남지 않는다. 자기 기분에 맞는 사건이 기억에 새겨지기 쉽기 때문이다.

이와 같은 기분일치 효과는 기명시점(기억에 새겨지는 시점)뿐만 아니라 상기시점(기억을 되살리는 시점)에도 작용한다고 알려져 있다. 기억에 새겨질 때뿐 아니라, 현재의 기분에 걸맞은 사건이 상기된다. 즉 그런 기억이 되살려지는 것이다.

그것은 다음과 같은 심리 실험으로 증명되어 있다.

실험 참가자들 가운데 절반을 즐거운 기분으로 유도하고, 나머지 절반을 우울한 기분으로 유도한다. 그런 다음 '버스' '창' '구두' 등의 감정적으로 중성적이라고(긍정적인 의미도, 부정적인 의미도 갖고 있지 않다고) 생각되는 힌트 단어를 차례대로 제시하고, 거기서 연상되는 일상의 사건을 되살리게 했다. 그때 힌트 단어에서 '유쾌한 경험'을 떠올리도록 요구하는 조건과 '불쾌한 경험'을 떠올리도록 요구하는 조건을 설정했다.

그 결과, 우울한 기분의 사람들은 즐거운 기분의 사람들에 비해 '유쾌한 경험'을 좀처럼 떠올리지 못했다. '유쾌한 경험'을 생각하는 데도 시간이 걸리고 생각해낸 에피소드 수도 적었다. 하지만 '불쾌한 경험'은 쉽게 떠올렸다.

여기서 말할 수 있는 것은 떠올릴 때의 기분에 걸맞은 에피소드가 떠올리기 쉽다는 것이다. 즐거운 기분으로 과거를 돌아보면 즐거운 에피소드를 떠올리기 쉽다. 불쾌한 기분으로 과거를 돌아보면 불쾌한 에피소드를 떠올리기 쉽다. 우울한 기분으로 과거를 돌아보면 더더욱 우울한 에피소드를 떠올리기 쉽다.

여기서 불만이 많은 사람의 심리 메커니즘을 알 수 있을 것이다. 불만이 많은 사람이 부정적인 에피소드만을 입에 올리는 것은, 평소에 부정적인 기분으로 지내고 있기 때문이다. 그러므로 부정적인 기분에 친숙한 사건이 기억에 새겨지기 쉽고, 또한 부정적인 기분에 걸맞은 사건의 기억이 쉽게 생각난다. 정말로 좋지 않은 일만 겪고 있는 것은 결코 아니다.

반대로 긍정적인 사건에 대해서 말을 많이 하는 사람이 있다. 그런 사람도 좋지 않은 사건을 겪지 않는 것은 아니다. 평소에 긍정적인 마음으로 살고 있으므로 긍정적인 에피소드가 기억에 새겨지기 쉽고, 연상되기도 쉬운 것뿐이다.

우울증 경향이 있는 사람은 문제해결 능력이 낮다는데……

우울한 상태가 되면 문제해결 능력이 떨어진다고 한다. 또한 우울한 경향이 있는 사람은 초개괄적超槪括的 기억을 갖는다고 알려져 있다. 초개괄적 기억이란 대단히 조잡하고 구체성이 결여된 기억이다.

기억은 문제해결에 중요한 역할을 맡고 있다. 그것과 관련해서는 뒤에서 설명하겠지만 간단히 말하면, 이러이러한 일이 있었다는 에피소드에 관한 구체적 기억이 결여되어 있으므로 '이런 상황에서는 이렇게 하면 실패하기 쉽다', '이렇게 하면 잘되기 쉽다', '이 사람은 이런 것에 집착하는 것 같다' 등등의 상상이 작용하지 않아 과거의 경험을 문제해결에 활용하지 못한다.

이것을 확인하는 심리 실험이 있다.

자살을 시도했던 환자들을 대상으로 한 실험에서 '막 이사를 온 사람이 친구를 찾고 있다'와 같은 사회적인 과제를 제시하고 그것을 해결하는 수단을 제시하게 했다. 동시에, 감정을 표현하는 언어를 실마리로 하여 자전적 기억을 떠올리는 과제도 제시하고 거기서 떠올린 에피소드의 구체성을 체크했다.

그 결과, 연상된 자전적 기억의 초개괄성 정도가 높은 사람일수록 문제해결을 위한 유효한 수단을 생각하지 못한다는 것을 알았다.

다른 심리 실험에서도 초개괄적 기억밖에 떠올리지 못했던 사람들은 자신에게 주어진 사회적인 문제에 대해 유효한 문제해결 수단을 생각하지 못했다고 보고되었다.

우울증 경향이 있는 사람의 정서적인 면을 주목해보면, 기분이 축 처지고 기력이 없어지며 냉정함을 잃으므로 문제해결 능력이 낮아지는 면이 있는 것도 부정할 수 없다.

하지만 심리 실험 결과를 보면 구체적인 에피소드가 부족한 초개괄적 기억밖에 갖고 있지 않은 것이 문제해결 능력의 저하를 부르는 것만은 틀림없다.

우울증 경향이 있는 사람은
왜 기억력이 나쁠까?

우울증 환자는 기억력이 나쁘다고 종종 지적되는데, 우울병 환자뿐만 아니라 일반적인 사람들도 우울한 상태일 때는 기억력이 저하되는 경향이 보인다.

우울한 경향이 강한 사람은 과거의 기억이 대략적이라 과거의 에피소드를 구체적으로 떠올리지 못한다. 우울한 상태인 사람은 예를 들어 '다정하다'라는 자극어를 제시하고 그것을 연상시키는 기억을 말해보라고 하면 '할머니는 언제나 다정하셨다'와 같이 개괄적으로 말할 수는 있지만 할머니가 어떻게 다정했는지를 나타내는 구체적인 에피소드를 떠올리지 못한다.

'행복'이라는 자극어를 제시한 경우, 많은 사람들은 그것을 연상시키는 에피소드, 예를 들면 자기가 경험한 행복한 사건이나 가족이나 연인과 보낸 즐거운 추억을 기억 속에서 끄집어내고 그것을 구체적으로 말할 수 있다. 하지만 자살을 시도한 적이 있는 우울증 중증 환자는 구체적인 에피소드를 거의 떠올리지 못했다고 보고되어 있다.

왜 우울한 상태인 사람은 구체적인 기억이 부족하고 초개괄적 기억을 가질까. 그것은 우울에는 기억이 깊숙이 관계되어 있기 때문이다. 우울 경향과 기억력의 관계를 조사한 심리 실험에 따르면, 우울 경향이 강한 사람은 긍정적인 내용보다 부정적인 내용의 기억이 뛰어나다.

이런 심리 경향은 이미 유아기부터 보인다. 5~11세 유아·아동을 대상으로 이런 우울 경향을 측정하고 그림책을 읽게 한 다음, 내용을 떠올리는 심리 실험을 했다. 그림책을 읽을 때 주인공이 자기인 것처럼 읽으라고 요청했다.

그 결과 우울 경향이 강한 아이들은 긍정적이거나 중립적인 그림책보다도 부정적인 그림책을 많이 떠올리는 것을 알았다.

우울증 척도의 개발자로 유명한 벡Aaron T. Beck의 인지요법에서는 우울 경향이 강한 사람에게는 특징적인 인지의 조잡함이 있으며 그것이 우울 상태를 악화시킨다고 한다.

특징적인 인지의 조잡함이란 자신이 놓인 상황을 비관적으로 받아들이거나 자신의 부정적인 면에만 집중하거나 일이 잘 풀리지 않으면 자기 탓을 하는 등, 세상을 부정적으로 바라보는 인지 경향을 보이는 것이다.

우울 경향이 강한 사람은 그런 인지 경향을 갖기 때문에 과거를 돌아보면서 떠올리는 에피소드가 부정적인 것이 많아진다. 부정적인 사건의 세세한 부분을 떠올리면 기분이 가라앉고 더더욱 우울해진다. 그래서 구체적이고 상세한 부분을 떠올려서 기분이 가라앉는 것을 막기 위해 기억의 검색을 일반적인 수준 이하로 차단해버리는 것이 아닌가 싶다.

이처럼 우울 경향이 강한 사람의 특징으로 나타나는 개괄적인 기억에는 부정적인 에피소드를 구체적으로 떠올리는 것을 방해함으로써 기분이 더더욱 가라앉는 것을 회피하는 메리트가 분명히 있을 것이다. 그것에 의해 몸을 지키려고 하는 것이다

내 것이지만 내 마음대로 할 수 없는 기억이란 놈

어떤 것을 깜박하는 일은 누구나 경험한다. 분명 알고 있는 것인데, 필요할 때 생각이 나지 않는다.

나도 그런 일을 종종 경험한다. 나는 사람의 이름이나 얼굴을 기억하는 능력이 다른 사람들보다 훨씬 약하며, 경험적으로 그것을 잘 알고 있기도 하다.

예를 들어 다른 사람과 이야기를 나누고 있는데 앞에 있는 사람의 이름을 기억하지 못하는 경우가 있다. 분명히 아는 사람인데 도저히 이름이 기억나지 않는다. 다시 이름을 물어보는 것도 실례이니 어쩔 수 없이 이야기를 계속한다. 그런 일이 일상다반

사다.

이름만 생각이 안 나면 그나마 다행인데, 예전에도 이야기했던 적이 있는 상대라는 것을 알고 있는데 그 사람이 어떤 성격인지를 기억하지 못한다면 대화가 아주 어색해진다. 상대방이 말하는 것을 보면 이전에 만났다는 것은 확실하고 나도 어디선가 만난 사람이라는 것은 느끼고 있지만 우리가 어떤 관계였는지 기억이 안 난다. 그럴 때는 적당하게 대화하면서 필사적으로 내 안에서 기억을 검색한다.

과거의 에피소드에 대한 기억을 회상기억이라고 한다. 회상기억이 약한 사람이 있다.

동창회에 나가서 모두들 함께 학창 시절의 사건에 대해 이야기하면서 떠들고 있는데 그 대부분을 그는 기억하지 못한다. 친구들과 식사를 하면서 이전에 함께 갔던 여행 이야기를 하고 있을 때 친구들이 이야기하는 에피소드를 별로 떠올리지 못하고 적당히 맞장구만 치고 있다. 상대가 친구라면 괜찮지만 업무상 미팅을 하는 자리에서 지금까지의 에피소드를 떠올리지 못하면 업무에 지장이 생긴다.

회상기억에 대비되는 미래의 예정에 관한 기억도 있는데, 그것을 전망기억이라고 한다. 전망기억이 약한 사람도 있다.

회의 예정을 깜박하고 잊어버렸다가 전화가 걸려와서 당황한다. 꼭 가져가야 할 서류를 잊어버리고 거래처를 방문한다. 필요한 수속을 잊어버리고 있는 것을 깨닫고 당황한다. 필요한 식재료를 사는 것을 잊어버리고 요리를 하려다가 식재료가 없는 것을 깨닫고 급하게 장을 보러 나간다. 예정을 잊어버리거나 물건을 깜빡하거나 하는 점에서 회상기억보다 전망기억이 약한 사람이 업무 등에서 데미지가 크다.

나는 회상기억은 좋은 편이라 학창 시절 친구들을 만나면 상당히 환대받는다. 내가 '이런 일이 있었지' 라고 에피소드를 말할 때마다 '맞아 맞아, 그런 일이 있었지' 하고 그리운 듯이 떠올리는 사람이 있는 한편으로 '그런 일이 있었어? 하나도 기억이 안 나는데' 하는 사람도 있다. 기억력에는 엄청나게 큰 개인차가 있는 것 같다.

나는 회상기억이 꽤 좋은데 비해 전망기억은 아주 나쁘다. 초등학생 때는 '까먹기 대마왕'으로, 교실에 붙여져 있는 '준비물 안 가져온 사람' 명단에서는 2등 이하와 엄청난 차이로 늘 1등을 차지했다. 다음 날 준비물도 잊어버리고 숙제도 잊어버렸다. 그런 일이 날이면 날마다 일어났기 때문에 언제나 선생님께 꾸중을 들었다. 초등학교 4, 5학년 때 담임선생님은 특히 엄격해서 매일매일 몇 번씩이나 화를 냈기 때문에 차츰 숙제는 하게 되었다.

하지만 준비물을 잊어버리거나 예정을 잊어버리는 것은 지금도 변함없다. 전철 선반에 가방이나 코트를 올려두고 그대로 잊어버리고 내리는 일이 젊었을 적에 자주 있었으므로 절대로 선반에 올려두지 않게 되었다. 젊었을 때는 전철이 출발하는데 쇼핑한 물건을 역의 의자에 둔 것을 깨닫고, 전철 창문을 열고 뛰어내려 굴렀던 적도 여러 번 있었다. 그래서 물건은 반드시 무릎 위에 올려두거나 옆에 두더라도 손에서 떼지 않고 꼭 붙잡고 있도록 명심하고 있다. 출장간 곳에서 코인로커에 물건을 넣어둔 채 신칸센을 타버린 적도 몇 번이나 있기 때문에 코인로커 열쇠를 신칸센 티켓과 함께 보관하는 식으로 습관을 들였다.

가져가야 할 물건을 잊어버리는 일도 자주 있기 때문에 짐은 반드시 전날 챙겨두고, 다음 날 꼭 챙겨가야 하는 것인데 가방에 안 들어가는 물건은 현관의 구두 옆에 놓아둔다.

기억이라는 놈이 난감한 것은 다른 사람과 기억의 차이가 있거나 중요하거나 필요한 것을 깜박하기 때문만이 아니다. 잊어버리고 싶은데 잊히지 않는 것도 있다.

좋지 않은 기억을 떠올리면 기분이 가라앉는다. 그러므로 좋지 않은 기억은 떠올리고 싶지 않다. 가능하다면 잊어버리고 싶다. 그럼에도 문득문득 순간적으로 뇌리에 떠오르고 좋지 않은 기분에 사로잡힌다. 우울 상태를 초래하는 원인으로 좋지 않은 것을 곱씹는 심리 경향을 들 수 있다. 좋지 않은 것을 곱씹으면 기분이 가라앉는 것을 알고 있음에도 문득 깨닫고 보면 곱씹고 있다.

트라우마 등의 단어가 유행하는 것도 좋지 않은 사건을 잊으려 해도 잊을 수 없는 사람이 상당히 많이 있다는 증거다.

아무튼 기억이란, 내 것이긴 하지만 아무리 애를 써도 내 생각대로 되지 않는 부분이 있다. 그래서 고민하고 있는 사람도 적지 않다.

사소한 일을 계기로 되살아나는 기억

어린 시절을 보낸 거리를 오랜만에 찾아가보았을 때의 일이다. 초등학교 저학년 때 다니던 통학로를 발견했다. 내가 다녔던 초등학교는 오래전에 없어졌다. 통학로를 더듬어 가다 보니 당시 살던 장소에 도착했다. 내가 살던 주변은 완전히 풍경이 바뀌었지만 바로 옆의 어린이공원은 거의 그대로 남아 있었다.

공원에 들어가자, 용감하게 그네를 탔는데 손이 미끄러져 앞으로 붕 떠서 날아가는 바람에 울타리 너머의 땅바닥에 엉덩방

아를 찧고 너무 아파서 한동안 꼼짝도 못했던 일이 기억났다. 또 철봉에서 거꾸로 오르기를 열심히 연습하던 기억도 났다.

공원 옆의 언덕길을 내려가자 그 언덕길에서 자주 놀았던 기억이 선명하게 되살아났다. 그것은 유치원에 가는 길로, 그 앞의 횡단보도까지 걸어가자 길을 달음박질쳐서 건너려다 넘어져서 오토바이 앞바퀴에 머리를 치일 뻔했던 기억도 떠올랐다. 기억이란 참으로 신기한 것으로, 뭔가 하나를 떠올리면, 거기에서 연상이 작동하여 차례차례 기억이 파헤쳐진다.

이렇게 해서 유아기부터 아동기 초기를 보낸 거리를 찾아갔을 때, 지독한 그리움이 밀려드는 동시에, 몇 십 년 동안 거의 떠오르지 않았던 기억들이 차례차례 되살아났다. 마치 그 장소에 파묻혀 숨겨져 있었다는 듯이 말이다.

평소에는 기억하지 못하고 있었지만 결코 나의 마음속에서 소멸된 것이 아니었다. 무의식 속에 감춰져 있는 기억이 있다는 것은 부정할 수 없는 사실이다.

책을 읽을 때, 소설이라면 그 등장인물에게 닥친 사건, 에세이라면 작가 자신에게 일어난 사건을 자극으로 하여 우리 안에 잠들어 있던 기억이 문득 되살아나는 것은 독서하는 즐거움 가운데 하나다.

평소 의식에 올라와 있는 기억은 우리 기억의 극히 일부에 지나지 않는다. 오래 살다 보면 아무리 퍼내고 퍼내도 다 퍼낼 수 없을 정도로 풍부한 기억이 마음속에 채워져 있다.

이와 같은 경험을 힌트 삼아 나는 10대에서 90대까지의 다양한 연령대 사람들을 상대로 '자기 이야기'를 끌어내는 상담을 실시해왔다. 그것은 개인의 삶의 특징을 떠오르게 하는 동시에, 자신을 이해하고 자신의 인생을 잘 수용하게 하기 위해 내가 개발한 상담방법으로, 인생을 되돌아보면서 떠오르는 것들을 이야기하게 하는 것이다.

그럼으로써, 평소 신경 쓰는 기억뿐만 아니라 오랫동안 잊어버리고 있던 그리운 기억이 유도되고 거기서 연상이 작동하여 다양한 기억이 발굴된다. 연상은 거기에만 작동하는 것이 아니다. 상담을 마치고 일상생활로 돌아가서도 연상이 작동하여 기억은 계속 발굴된다. 그 후에 이러이러한 것을 기억해냈다는 보고서를 다음번 상담 때 받아보는 일이 적지 않다. 한번 작동하기 시작한 연상의 힘은 본인이 의식하고 있지 않아도 끊임없이 작동하고 있으며, 갑자기 생각지도 못했던 기억이 되살아나기도 한다.

어떤 순간에 문득, 아무렇지 않게 생각나는 것을 심리학에서는 무의도적 기억 또는 불수의不隨意 기억이라고 한다. 프루스트가 『잃어버린 시간을 찾아서』에서 쓴 마들렌 에피소드는 그야말로 의도치 않은 기억의 전형이다.

프루스트 자신이라고 여겨지는 주인공이 마들렌을 홍차에 적셔서 입에 넣은 순간, 뭔지는 모르지만 놀라운 쾌감이 온몸을 꿰뚫고 지나가서 몸이 떨린다. 막연한 포근함의 정체를 알아내고자 정신력을 집중하니, 갑자기 어린 시절 숙모가 홍차나 보리수차에 적셔서 주던 마들렌의 맛을 기억한다. 게다가 숙모의 방이 있던 오래된 집이나 정원의 광경이 떠오르고 그것을 계기로 오랫동안 잊어버리고 있던 당시에 알고 지내던 마을 사람들, 정원의 꽃들, 강에 핀 수련, 작은 집들, 교회, 근교의 풍경 등이 뚜렷하게 형상을 갖추면서 그 한 잔의 홍차에서 마을과 정원이 되어 나타난다.

프루스트는 의도적인 기억이 과거를 왜곡하고 있는 것에 대해 이런 무의도적 기억, 즉 냄새나 맛을 계기로 떠오르는 기억이야말로 생생하고 가치 있는 것이라고 한다.

영화감독 장 콕토는 어린 시절에 살던 거리를 걸었을 때를 기록하고 있는데, 그것도 무의식 속에 잠들어 있는 기억의 발굴에 관한 것이라고 할 수 있다.

어린 시절을 보낸 거리를 걷고 당시 살았던 집을 봐도 딱히 아무것도 기억나지 않았던 장 콕토는 어린 시절, 학교에서 돌아오는 길에 언제나 거리 풍경을 눈을 감고 오른손으로 건물이나

가로등이 매달린 기둥을 더듬으면서 걸었던 것을 떠올렸다. 그래서 그때처럼 손가락으로 더듬으면서 걸어보았다. 하지만 딱히 아무것도 기억나지 않았다. 그러다가, 그때는 훨씬 키가 작았던 것을 기억해내고 당시보다 높은 곳을 쓰다듬은 손이 당시와 같은 감촉을 얻을 리가 없음을 깨달았다. 그래서 이번에는 허리를 굽혀서 낮은 위치에 손을 대고 눈을 감고 더듬으면서 걸었다. 그러자 갑자기 어린 시절의 세계가 되살아났다.

'축음기 레코드의 깔쭉깔쭉한 표면 위를 바늘이 스치는 것과 같은 현상에 의해 나는 기억이라는 음악을 들을 수 있었다. 나는 모든 것을 다시 보기 시작한 것이다. 나의 짧은 망토, 책가방의 가죽, 함께 학교를 다닌 친구의 이름, 선생님들의 이름, 내가 말했던 어떤 문장들과 할아버지의 음성, 할아버지의 콧수염 냄새, 그리고 누나와 어머니의 옷에서 나던 냄새를.'

좋든 싫든 행동의 자동화를 담당하는 잠재 기억

몸에 배어서 무의식화된 기억은, 습관화된 행동이나

패턴화된 행동, 장소에 어울리는 행동을 거의 자동적으로 이끈다. 평소에 의식되지 않는 기억, 이른바 잠재기억이 우리의 일상적인 행동을 무의식중에 이끌고 있는 것이다.

예를 들어 매일매일 오가는 통학로나 출퇴근길은 매일의 반복을 통해 기억에 새겨져 있으므로 전철을 타면 어떤 역에서 내린다든지, 걸어 다닌다면 어디를 어떻게 돈다든지, 일일이 의식하지 않아도 잠재기억이 이끌어준다.

생각에 잠겨서 걷다 보니 어느 샌가 집 앞에 도착해 있던 경험은 누구든지 있을 것이다. 잠재기억 덕분에 일상적으로 반복되는 행동은 거의 자동화되어 있다. 그러므로 평소처럼 행동하면 될 때는 잠재기억에 맡겨두면 문제없다.

하지만 귀갓길에 친구와 한잔 하자고 약속해서 중간에 다른 역에서 환승해야 할 때라든지, 가까운 역에서 걸어서 집에 가는 길에 다른 방향에 있는 마트에 들러서 장을 봐야 할 때 등등의 경우에 딴 생각을 하다 보면 잠재기억 때문에 평소 가던 길을 택하고 만다.

도중에 다른 역에서 환승해서 약속 장소에 갈 예정이었는데 문득 깨닫고 보니 평소대로 집 근처의 역에서 내려서 집을 향해 걷고 있는 자신을 깨닫고 당황한다. 장 보는 것을 잊고 집으로 가서 냉장고 안이 텅텅 비어 있는 것을 깨닫는다. 나도 늘 겪는 일이다.

그럴 때면 평소 행동을 이끄는 기억이 얼마나 내 마음속 깊숙이 침투하여 무의식화되어 나의 행동을 강력하게 지배하고 있는지를 새삼스럽게 깨닫게 된다.

그러므로 평소와 다른 행동을 해야 할 때는 해야 할 일이나 가야 할 장소에 대한 기억을 끊임없이 의식해둘 필요가 있다. 그것을 깜빡하면 무심코 잠재기억이 작동해버린다.

심리학자 코헨은 행동의 자동화에 의해 의도한 것과는 다른 행동을 취하는 실패를 분류하고 있다.

① 반복 에러
② 목표의 전환
③ 탈락
④ 혼동

약간 이해하기 어려우므로 각각에 해당하는, 내가 경험한 실패의 예를 들어보자.

　— 욕실에서 머리를 이미 감았는데 그것을 깜빡하고 다시 머리를 감았다.(자동화된 행동을 반복함)

― 퇴근길에 친구와 만나려고 평소와 다른 역에서 내리려고 했는데 평소에 내리는 역에서 내렸다.(자동화에 몸을 맡겨 목표를 전환하지 못함)

― 전기밥솥의 전원을 켜고 밥이 지어지기를 기다리고 있었는데, 전원 플러그를 꽂지 않았다. (자동화된 행동의 일부가 탈락함)

― 호텔의 실내용 슬리퍼를 신은 채로 체크아웃했다.(자동화에 몸을 맡김으로써 슬리퍼와 구두를 혼동함)

이 중에서 '탈락'이 가장 많고 다음으로 많은 것이 '목표의 전환'이라고 하는데, 확실히 나도 탈락은 자주 경험한다.

욕실에서 뜨거운 물이 왜 이렇게 안 나오나 생각했는데 알고 보니 급탕 스위치를 누르지 않았다. 토스트가 왜 이렇게 안 구워지나 생각했는데 전원 플러그를 꽂지 않고 스위치만 눌렀다. 그런 일이 가끔씩 있는데 이것은 '탈락'에 해당한다. 해야 할 일의 일부가 탈락한 것이다. 스위치를 누르는 것이나 전원 플러그를 꽂는 것은 통상적으로 일일이 의식하지 않고 하는 경우가 많아 거의 잠재의식에 맡기고 있기 때문에 뭔가 골똘히 생각하거나 어떤 것에 일련의 흐름이 중단되거나 하면 이런 실패가 생기기 쉽다.

이런 실패를 통해, 우리의 일상생활의 얼마나 많은 부분이 무의식중에 행해지고 있는지를 새삼 깨닫게 된다.

후회스러운 과거

회상기억에 대해서도 생각해보자.

누구나 과거를 후회해본 경험이 있을 것이다. 시도 때도 없이 후회한다는 사람도 있을 것이다. 나 자신도 그때 이렇게 할 걸, 그렇게 말하지 말 걸, 등등 과거를 후회하는 일이 종종 있다.

그런 과거의 사건에 너무 사로잡혀 있으면 현재에 집중할 수 없다. 업무나 집안일 등에서도 충분히 힘을 발휘하지 못하거나, 부주의한 실수를 거듭하거나, 인간관계에서도 충분한 주의를 기울이지 못하는 등, 후회스러운 과거는 자신의 발목을 잡는 족쇄가 된다.

후회스러운 과거를 떠올리고 기분이 나빠져서 침울해져 있기만 한다면 자신의 과거를 되돌아보고 싶지 않은 것, 떠올리고 싶지 않은 것이라고 느끼게 된다. 그렇게 되면 과거의 실패를 활용할 수 없으며, 풍부한 과거의 기억에서 그리움이나 위안도 얻을 수 없게 된다.

트라우마라는 말이 널리 퍼져 있는 데서도 짐작할 수 있듯이, 생각하면 아주 기분이 나빠져 지워버리고 싶은 기억은 상당히 많은 사람이 품고 있다. 나의 조사에서도 '과거를 떠올리면 후회스러운 일이 있다'는 사람이 67%, '과거에 사로잡혀 있다고 느낀다'는 사람은 52%, '지워버리고 싶은 과거가 있다'는 사람이 67% 등이었다.

하지만 후회스럽거나 꺼림칙한 과거도 제대로 정리하면 그것에 긍정적인 의미를 부여할 수 있다. 후회스러운 과거나 꺼림칙한 과거에서 어떤 지혜나 교훈을 끄집어내는 것도 가능할 것이다. 그 경험을 앞으로의 인생에 활용할 수도 있다. 생각한 대로 되지 않았던 과거의 사건에서 어떤 의미를 끄집어낼 것인가. 거기가 인생의 갈림길이 된다.

인간관계도 일도 기억이 기본이다

인간관계의 고민은 끊이지 않는데, 누구와 어느 정도로 얽힐 것인지를 생각할 때는 상대에 따라 에피소드 기억을 참조하게 된다.

에피소드 기억이란 언제 어디서 어떤 일이 있었다 등의 구체적인 사건에 대한 기억이다.

이 사람과는 예전에 이런 일이 있었다, 이 사람은 이런 반응을 잘 보인다, 등의 에피소드 기억을 활용함으로써 눈앞의 사람과 어떻게 관계하면 좋을지를 순간적으로 판단하게 된다.

우리는 일상적인 인간관계에서도 에피소드 기억에 의존하여 관계 방식을 정하고 있으며, 에피소드 기억이 제대로 정리되어 있지 않으면 그것을 활용할 수 없어 관계 방식이 빗나가게 된다.

에피소드 기억을 활용하지 못하면 연인이나 배우자와의 관계 속에서 상대방의 기분을 거스를 만한 말을 반복적으로 한다든지, 업무에서도 같은 실수를 반복하거나 거래처 담당자를 화나게 할 만한 대응을 반복하기도 한다.

이렇게 하면 잘 안 풀린다, 이렇게 하면 기분 좋게 접촉할 수 있다, 이것은 그 사람에게 있어서 지뢰가 된다, 등의 에피소드 기억을 힌트로 자신의 태도를 조정할 필요가 있는데, 그것이 잘 되는 것은 에피소드 기억 덕분이라고 말할 수 있다.

과거의 사건을 되돌아보는 습관이 없고 에피소드 기억이 정돈되어 있지 않은 사람은 과거의 경험을 현재에 활용할 수 없다.

기억이 나의 세계를 이루고 있다

    인생사를 중심으로 한 기억에 대한 연구를 하고 있기 때문인지, 기억에 관한 상담이나 질문을 많이 받는다. 젊은 시절과 비교하면 건망증이 심해졌다든지 깜빡깜빡하는 경우가 많아지고 있다든지 등을 말하며 기억이 모호하거나 에피소드 기억을 잃어버리는 기억 관련한 병을 두려워하는 사람이 많은 것 같다.

    고령화에 따른 인지증이 화제에 오르는 일이 많기 때문인지 기억력 감퇴나 기억의 혼선에 불안을 느끼는 사람이 아주 많은 것 같다. 왜 우리는 기억이 혼란스럽거나 기억이 나지 않는 것을 그토록 두려워할까. 그것은 자신의 기억이 모호하거나 기억이 안 나는 것은 자신이 살고 있는 세계의 붕괴, 즉 자기붕괴를 의미하기 때문이다.

    우리는 매일의 사건이나 그것에 얽힌 생각을 기억에 새긴다. 그렇게 해서 만들어지는 기억을 자전적 기억이라고 한다. 자전이란 역사적인 인물, 모두가 알고 있는 유명인이 쓰는 것이며 우리와는 인연이 없는 것이라고 생각할지 모르지만, 우리는 매일매일의 사건을 자전에 써내려가듯이 살아가고 있다. 아니, 그보다는 순간순간 경험한 사건이나 그것에 관한 생각을 자전적 기억에 새기고 있다.

우리는 자전을 쓰듯이 매일의 생활을 영위하고 있는 것이다. 우리의 인생 궤적은 모두 기억 속에 있다. 인생은 모두 기억과 더불어 나아가고 있다고도 말할 수 있다.

우리의 정체성도 기억에 의해 지탱되고 있다. 다른 사람을 만나고, 알아가는 사이에 나를 알아주기를 원한다는 생각이 들면, 지금까지 내가 경험한 것 중에서 나다움을 가장 잘 나타내는 에피소드를 찾아서 말한다. 나다움이란, 우리의 기억 속에 구체적인 에피소드 형태로 보존되어 있다.

나는, 자기 이야기 심리학을 제창하면서 그와 관련된 해설을 하고 있으므로 인용해둔다.

'사람은 각자 자신의 이야기를 살고 있다. 우리는 헤아릴 수 없을 정도의 과거 경험을 짊어지고 살고 있지만, 자신의 인생을 돌아볼 때, 또는 그것을 이야기할 때 연상되는 것은 우리들 자신이 지금 품고 있는 이야기적 문맥과 모순되지 않는 사건이나 경험에 한정된다. 우리는 매일매일 새로운 경험을 쌓아가는데, 개개의 사건은 이미 우리가 품고 있는 이야기적 문맥의 틀에 따라 의미가 부여되고 개인의 역사 안에 덧붙여간다. 이야기적 문맥 없이 우리의 자아를 말하는 것은 불가능하며, 우리의 자아는 형태를 갖추는 것조차 불가능하다. 이런 의미에서 우리의 자아란 이야기이며, 우리의 정체성은 이야기로서 보증되어 있는 것이다. 자아란 이야기이며 자아의 탐구는 자기 이야기의 탐구에 불과하다.'

_에노모토 히로아키,
『〈나〉의 심리학적 탐구 – 이야기로서의 자아 시점에서』

여기서는 자기 이야기라는 방식을 주장하고 있는데, 그것은 자전적 기억이 자서전처럼 이야기 형식으로 이어 붙여져 있음을 의미하고 있다.

에피소드 기억을 잃는 것은 자신을 잃는 것

실제로 에피소드 기억을 잃으면 어떻게 될까. 현실에서 일어난 사례를 살펴보자.

"내가 병에 걸린 지 얼마나 지났지?"

"4개월이에요."

(중략)

"그렇군, 나는 그동안 쭉 의식이 없었던 거군! 의식을 잃는다는 건 어떤 것인지 당신은 알까? …… 음, 어느 정도였더라?"

"포 먼스요."

"……4개월이나 된다는 뜻인가? 아니면 몇 달 동안이라는 뜻인가?"

"4개월이라는 의미예요."

"나는 그동안 아무것도 듣지 못하고, 아무것도 보지 못하고, 아무런 냄새도 맡지 못하고, 아무것도 느끼지 못하고, 아무것도 만져보지 못했다. 그런데, 어느 정도였지?"

"4개월요."

"……4개월! 완전히 죽은 사람이군. 그동안에 쭉 의식이 없었으니. 그래서, 어느 정도였는데?"

"포 먼스요."

_드보라 웨어링 지음, 소사 레이코 옮김,
『7초밖에 기억하지 못하는 남자』, 랜덤하우스고단샤

신경을 껐더니 잘 풀리기 시작합니다

바이러스성 발열과 두통 때문에 기억장애를 일으킨 남편과 그를 간호하는 아내의 대화이다. 바로 직전의 일조차도 잊어버리므로 이런 대화가 끝없이 반복된다.

중증 기억장애라고는 하지만, 잃어버린 것은 에피소드 기억이며 의미 기억, 예를 들면 언어의 의미에 관한 기억은 또렷하게 보존되어 있으므로 일상회화에는 문제가 없었다. 물론, 몇 초전의 대화조차 잊어버리므로 일상회화에 지장이 있기는 하지만 언어는 확실하게 이해하고 일단 대화는 가능했다.

또한 절차기억(유아기 때의 경험이나 오랜 기간의 숙련을 통해 형성된 기억-옮긴이)도 또렷하게 보존되어 있어서 악보를 보면서 노래를 하거나 악기를 연주하는 등, 음악적 스킬은 손상을 입지 않았다.

이런 에피소드 기억을 잃은 방식에서 기억의 메커니즘을 단적으로 알 수 있다.

발병 이래로 새로운 기억을 새기는 능력을 잃어서 몇 초 전의 대화 내용조차 잊어버리므로 발병 후의 사건은 전혀 기억하지 못한다.

게다가 발병 전의 기억도 잃어버리고 있었다. 하지만 최근 기억부터 잃어버리고 있어서 예를 들어 자신에게 자식이 있다는 것은 기억하고 있었지만, 이미 어른이 된 자식들은 그의 기억 속에서는 어린아이였다. 최근 일은 아무것도 기억하지 못하지만 어린 시절의 가족의 이름은 확실하게 기억하고 있었다.

자랐던 장소, 전쟁 중에 피난 갔던 장소, 방공호가 있던 장소 등, 유아기의 생활에 관한 기억은 남아 있었다. 최근에 알게 된 사람은 기억하지 못하지만 몇 년도 더 이전부터 알고 지내던 사람은 얼굴을 보면 지인임을 인식했다.

불가사의하게도, 에피소드 기억 중에도 구체적인 내용은 잃어버렸지만 일반적인 것은 가까스로 보존되어 있는 것이 있었다. 예를 들어 자신이 기혼이라는 것은 기억하고 있지만 결혼식에 대해서는 기억하고 있지 않았다. 자신이 음악가이자 지휘자라는 것은 기억하고 있지만 어디서 콘서트를 했는지 등은 전혀 기억하지 못했다.

내가 누구인지, 어떤 인생을 보내온 사람인지, 그런 자기의 정체성이 기억에 의해 보존되어 있음을 극단적으로 알려주는 기억장애의 사례이다. 이런 사례만큼 극단적이지는 않더라도 인지증의 징후를 모두가 두려워하는 것은 그것이 자기 자신의 상실로 이어지기 때문이다.

인생의 의미도 기억이 제공한다

살아갈 의욕이 샘솟는 것도, 살아가는 행복을 느끼는 것도, 괴로움을 느끼는 것도, 절망을 느끼는 것도, 모두 기억이 만들어낸다.

살아갈 용기를 주는 기억, 마음의 지지대가 되어주는 기억도 있다면, 생각만 해도 기분이 나빠지고 힘 빠지게 하는 기억도 있다. 따뜻한 기분에 젖어들기 위해 곱씹고 싶은 기억도 있는가 하면 기분이 가라앉으므로 절대로 곱씹고 싶지 않은 기억도 있다.

기억이 없으면 자신의 인생에 대한 평가나 감정도 없다. 말하자면 행복도, 불행도, 기억하기 나름이라고 말해도 좋을 것이다.

매일매일 자신이 하고 있는 일이 무의미하다고 느껴지면 의욕이 솟구치지 않는 것도 당연하며, 난관에 부딪치면 바로 달아나고 말 것이다. 매일매일 자신이 하는 일에 의미를 느낄 수 있다면, 난관을 극복하고 열심히 일을 할 수 있을 것이다.

예술가나 운동선수, 또는 장인 등으로 성공하고 싶은 사람이 혹독한 훈련을 견디면서 열심히 노력할 수 있는 것은 혹독한 훈련이 꿈의 실현을 위한 수단이라고 의미부여를 하고 있기 때문이다. 거기에는 자전적 기억의 과거에서 미래로 건너가는 전망이 깊이 관련되어 있다.

매일의 생활에 의미를 느끼지 못하는 것만큼 고통스러운 일은 없다. 이른바 정체성의 확산인데, 그것은 자전적 기억이 잘 정리되어 있지 않다는 것을 의미한다. 거기에서, 생각대로 되지 않은 사건이나 유감스러운 사건 등 부정적인 사건에서도 긍정적인 의미를 발견하여 자전적 기억을 긍정적인 흐름의 토대로 정리하는 것이 과제로 등장한다.

기억을 다루는 방법에는 비결이 있다

세상은 원래 살기 힘들며, 삶의 고통을 느끼고 있는 사람도 많을 것이다. 하지만, 나만큼 괴로운 상황을 계속 견디면서 살아온 사람은 그리 많지 않을 것이다. 나는 그렇게 생각한다.

아마도 삶의 고통을 의식하게 된 것은 초등학생 무렵이었을 것이다. 어쩐 일인지 반에서 내 자리가 없다는 느낌이 들고, 결과적으로는 아웃사이더인 아이들과 친구가 되었다. 내 자리가 없다는 느낌은 그 후로도 쭉 나를 따라다니고 있다.

원래 방랑 기질이 있었던 것 같다. 유치원에 들어가기 전인 어린 시절부터 혼자서 행방불명이 되어 전철을 타고 종착역에서 보호받았던 적이 종종 있었다고 한다.

고교에서는 문과를 지망했다가 이과로 바꾸고, 대학에서는 이과에서 다시 문과로 옮기고, 취직을 해서도 퇴직과 이직을 수없이 반복한 것도 내 자리가 없다는 느낌과 관련 있는 것 같다.

직장을 내가 있을 곳이라고 느끼지 못해서 쓸데없는 트러블이 생긴 적도 있었지만, 살아가기 힘든 상황을 그럭저럭 언제나 긍정적으로 살아왔다고 생각한다.

그런 자신을 되돌아볼 때 느끼는 것이, 기억과 사귀는 방법에는 요령이 있다는 점이다. 이유는 모르지만, 그 요령을 터득하고 있었기에 아무리 싫은 일이 있어도, 궁지에 몰려도, 긍정적인 전망을 잃지 않고 담담히 걸어서 나아갈 수 있었던 건 아닐까.

내 자리가 없다는 느낌과 함께, 살기 힘들다는 생각을 낳는 또 한 가지가 있다. 바로 지독한 건망증이다. 그야말로 모든 것을 잊어버린다. 앞에서도 예를 들었지만, 전날 가져오라는 말을 들은 준비물을 잊어버린다. 숙제를 잊어버린다. 그것이 거의 매일매일이다. 귀갓길에 비가 그치면 우산을 교실에 놔두고 잊어버린다. 아침에 집을 나서기 전에 유성펜으로 '우산'이라고 손등에 크게 써두어도 돌아오는 길에 손등을 보는 것을 잊어버린다.

그런 심리 경향은 지금도 거의 변하지 않았다. 회의 시간을 잊어버린다. 카페에서 인터뷰를 하기로 했는데 약속 시간에 집에서 일을 하고 있다가 전화가 걸려 와서 당황한다. 나고야에서 일을 마치고 다음날 신칸센 개찰구를 통과하려는데 거부당했다. 돌아오는 티켓을 전날 날짜로 산 것이었다. 나고야에 갈 예정이었는데 오사카에 간다. 오사카에서는 일을 마치고 히로시마에 갈 예정이었는데 도쿄행 신칸센을 탄다. 마트에서 장을 보러 갔다가 잡지 판매대 앞에서 삽시만 읽나가 그냥 돌아온다. 그런 일이 너무나 일상적으로 일어나므로 내가 생각해도 어이가 없다.

단, 어린 시절과 다른 점은 나의 기억의 약점을 자각하고 있으므로 업무 관련해서는 문제가 생기지 않도록 최선을 다해서 리스크 회피 대책을 세우고 있다는 것이다. 그런 덕분에 지금까지 그럭저럭 버티고 있다.

얽혀 있는 기억을 풀어주면 인생이 긍정적으로 변한다

기억, 특히 자전적 기억이 흐릿해졌다는 사람이 있다. 자전적 기억이란 자신의 인생사이자 자신의 존재증명과 같은 것이다. 그것이 흐릿해진다는 것은 자기 자신을, 그리고 자신의 인생을 받아들이고 있지 않다는 것을 암시한다.

그런 사람도 기억을 다루는 방식을 습득하면 기억을 훨씬 유효하게 활용할 수 있게 되어, 자기수용도 좋아지고 인생을 긍정적으로 걸어갈 수 있게 된다.

나쁜 사건을 소화하지 않고 지내면 자전적 기억이 흐릿해진다. 왜냐하면 어떤 사건의 기억은 당시의 다양한 사건과 그물망처럼 이어져 있기 때문이다. 무심코 그 시기의 기억을 끄집어내면 거기에서 연상이 작동하여 꺼림칙한 사건의 기억에 이르면서 싫은 기억이 되살아나는 위험이 있다. 그러므로 되도록 과거를 돌아보지 않도록 한다. 그러는 동안에 자전적 기억이 흐릿해진다. 문제가 되는 시기의 기억이 몽땅 삭제되어버리기도 한다.

내가 자기 이야기 상담을 계속적으로 실시하는 사람 가운데 초등학교 시절의 기억이 전혀 없는 사람이 있었다. 그런데 더 오래전인 유치원 시절의 기억은 부분적이긴 하지만 상당히 선명하게 떠오른다는 것이다. 상식적으로 생각하면 옛날 일일수록 더 떠오르지 않는 법이다.

이것이 암시하고 있는 것은 초등학교 시절에 뭔가 아주 싫은 일, 좀처럼 소화할 수 없을 정도로 싫은 일이 있어서 무의식중에 그 무렵의 일을 생각하지 않도록 하면서 살아왔다는 것이다.

실제로 상담이 진행되어감에 따라 초등학교 시절에 아주 충격적인 일이 있었고 그 일을 떠올리지 않도록 하고 있었다는 것을 알았다. 단, 당시의 본인에게는 도저히 소화할 수 없는 일이었기 때문에 기억에 뚜껑을 덮어버렸지만 인생 경험을 쌓은 지금이라면 소화 가능하기도 하다. 그러므로 좋은 상담자와 함께 되돌아봄으로써 부정적인 사건에서도 긍정적인 의미를 끄집어낼 수 있을지 모른다.

과거를 덮어버리고 살면 미래 전망까지 덮어지고 만다. 미래의 이상이나 예상은 과거의 기억에 토대하여 그려지기 때문이다. 어차피 살아간다면 미래에 희망을 갖기 바란다. 그러기 위해서는 과거의 기억을 다시 정리하는 것이 중요해진다.

자전적 기억에는 다양한 상황에 어떻게 대처해야 할 것인지에 대한 힌트가 가득 담겨 있다. 자전적 기억이 흐릿하며 뚜렷하지 않다는 것은 모처럼 얻은 귀중한 체험에서 살아갈 힌트를 얻을 수 없다는 것이기도 하다.

오래 살다 보면 신상에 닥치는 사건이든, 인간관계의 구도든, 비슷한 상황과 맞닥뜨리는 일이 의외로 많다. 그때 처음 당하는 것처럼 대처하는 사람과 예전 경험을 되살려 대처하는 사람은 당연히 대처능력에 차이가 난다.

언제나 비슷한 불평만 해대는 사람이 있는데, 거기에는 자전적 기억에서 학습하지 않았다는 문제가 숨어 있는 것 아닐까.

자전적 기억을 돌아보면 기분이 어두워지지 않을까 불안해하는 사람도 있을 것이다. 그렇게 생각하는 것은 인지와 감정이 뒤얽혀 있기 때문이다. 그 부분을 정리하는 것부터 시작해보자.

기억을 다스리는 자는 인생을 다스린다고 말해도 지나친 말은 아니다.

물론 기억을 완전히 다스리는 것은 불가능하며 인생을 다스리는 것은 절대 무리한 이야기일지도 모른다. 하지만 기억과 사귀는 법을 바꿈으로써 인생을 바꾸는 것은 가능하다.

일상생활에서 활기를 느끼지 못하는 사람. 허무함에 빠지기 쉬운 사람. 살기 힘들다고 느끼는 사람. 좀 더 나은 인생을 살고 싶은 사람. 자신의 인생을 좀 더 멋진 것으로 바꿔보고 싶은 사람. 좀 더 긍정적으로 살아가고 싶은 사람. 매일매일을 충실하게 보내고 싶은 사람. 그런 사람은 기억과 잘 사귀는 방법을 연구해볼 필요가 있다.

제2장

신경을 껐더니
잘 풀리기 시작합니다

과거에 뚜껑을 덮는 것이 아니라
과거를 다시 칠한다

자기 인생에서는 생각대로 되는 일이 하나도 없었다고 한탄하는 사람이 많다.

그런 사람들은 지금까지 경험했던 싫은 일들만 생각나서 기가 죽고, 실패했던 일이나 싫은 기억을 떠올리면 기분이 가라앉고 기운이 없어지므로 떠올리고 싶지 않은데 문득 깨닫고 보면 어느 새 기억을 곱씹고 있다고 한다.

그러므로 매사에 소극적이 된다. 실패한 기억, 열심히 했지만 잘 풀리지 않았던 기억만 있으므로 뭘 하려 해도 '어차피 잘 될 리가 없다'고 던져버리게 된다고 한다.

그리고 '나는 안 돼' '뭘 해봤자 중도포기야' '이런 내가 너무 싫다' 하고 한탄을 한다. 할 수만 있다면 인생을 다시 살아보고 싶지만, 이제는 어쩔 수가 없다고 체념한 얼굴로 말한다.

정말로 방법이 없는 것일까.

과거를 떠올리면 기분이 처지므로 과거는 돌아보지 않는다는 사람도 있다. 그것도 하나의 자기방어 수단인 것은 맞지만 '나의 역사'를 돌아보지 않는 인생이라니, 좀 쓸쓸하지 않은가. 과거를 자연스럽게 돌아보고 자기를 말할 수 있는 사람을 부러워하고 있지는 않을까.

인생이 생각대로 풀리지 않는다는 건 분명하다. 무엇이든 마음먹은 대로 된다는 사람은 세상에 한 명도 없다. 모두가 후회스럽고 괴롭고 분노하거나 유감스러운 기억을 많이 품고 있다.

그럼에도 너무 방어적이 되지 않고 긍정적으로 살아가는 사람도 있다. 기억과 사귀는 방법이 능숙한 것이다.

나의 과거란 나의 성립기반이며, 지금의 나를 설명하는 재료가 응축되어 있다. 거기에는 나의 원점이 포함되어 있다. 그것에 뚜껑을 덮고 과거 기억과의 접촉을 단절한다는 것은 나 자신을 잃어버리는 것으로 이어진다.

거기서 생각해야 하는 것은 과거에 뚜껑을 덮는 것이 아니라 과거에 대한 기억을 새로 칠하는 것이다.

우리의 생활은 기억에 지배된다

우리의 생활은 모든 면에서 기억에 지배되고 있다. 대인관계 역시, 지금까지의 대인관계의 기억의 축적을 토대로 형성된다.

친구들과 사이좋게 지냈던 기억이 없으면 친구를 사귀는 일에 소극적이 된다. 친구에게 배신당했던 기억이 있으면 친구에 대해 경계심을 가지므로 좀처럼 다른 사람과 친해지기 어렵다. 사이가 좋았던 친구와 멀어졌던 기억이 있으면 친구와 사이가 좋아지기 시작함에 따라 '나랑 같이 있어봤자 재미없어 하지 않을까' 하고 대인불안에 시달리게 된다.

처음 만난 사람과 이야기를 나누는데 긴장해서 이야기하기 힘들었던 기억이 있으면 처음으로 누군가를 만나는 것을 생각만 해도 긴장한다. 잘 모르는 사람이 있는 모임 등은 안 나간다. 취직을 해도 주변 사람들과 잡담을 잘 못한다는 생각이 강하기 때문에 업무에 몰두할 때는 기분이 좋다가도 휴게 시간이 되면 어색해져서 화장실로 도망가기도 한다. 거래처를 찾아가야 할 때가 되면 너무 긴장해서 배가 아프거나 두통이 생기기도 한다.

공부든 일이든, 지금까지의 업무 실적이나 공부 성적에 대한 기억에 의해 대응 자세가 정해진다. 언제나 성적이 나쁘고 아무리 공부를 해도 다른 사람을 당해내지 못하고, 성적이 전혀 오르지 않았던 기억이 있으면 공부를 해야 한다고 생각은 하면서도 어차피 해봤자 안 된다고 생각해버리므로 좀처럼 의욕이 생기지 않는다.

동료들이 점점 목표를 초과달성하고 있는데 자신은 언제나 목표를 달성하지 못했던 기억이 있다면 '나는 안 돼, 다른 사람들과 달리 일을 못해' 하고 생각하여 자기혐오에 빠지는 경향이 있으므로 새로운 분기가 되어도 목표를 달성할 의욕이 없다. 당연히, 열심히 해보겠다는 의욕이 솟구치지 않는다.

여기서 필요한 것은 과거의 부정적인 기억을 긍정적인 기분이 될 수 있도록 새로 정리하는 것이다.

과거에 대한 기억이 바뀌면
다시 태어날 수 있다

자신의 과거를 받아들이지 못하는 사람은 자신에게 자신감을 갖지 못하고, 자기뿐만 아니라 현실에 대해서도, 타인에 대해서도 긍정적인 태도를 보일 수 없다. 그러므로 다른 사람과 마음의 교류를 갖거나 신뢰관계를 쌓기 힘들며 미래의 전망을 그릴 수 없게 된다.

심리학자 캠벨과 페르는 자신에게 자신감이 없는 사람은 타자의 시선을 실제 이상으로 비관적으로 짐작하는 심리 경향을 갖는 것을 실증해보였다.

그 심리 실험에서는 먼저 자기평가를 측정한 다음, 처음 만나는 사람과 15분 동안 대화를 나누게 했다. 그 후, 상대방의 성격에 대해 평가하게 했다. 또한 자신의 성격에 대해 상대방이 어떻게 평가했는지를 추측해보게 했다.

그 결과, 자기평가가 높은 사람은 상대방에 의한 평가를 거의 정확히 추측한 데 비해 자기평가가 낮은 사람은 상대방에 의한 평가를 실제보다 상당히 낮게 짐작하는 경향이 있음이 제시되었다. 여기서 자기평가가 낮은 사람은 상대방에게 받는 시선을 부정적인 방향으로 왜곡되게 받아들이는 경향이 있음을 알았다.

이처럼 과거의 자기에 대한 기억이 자신감의 부재로 이어지고, 다시 그것이 인간관계나 자기가 처한 상황을 악화시키는 방향으로 작용한다면 어떻게 해서든 기억을 다시 정리할 필요가 있다.

자신의 과거에 대한 기억이 바뀌면 대인관계나 업무에 대한 자세가 바뀌고 그럼으로써 현실 생활에 변화가 일어나고 미래의 청사진도 긍정적인 방향으로 바뀌어가게 된다.

기억의 변용은 자기의 변용, 말하자면 인생의 변용을 가져온다. 자신의 과거에 대한 기억을 긍정적으로 정리할 수 있다면 완전히 차원이 다른 인생을 사는 전혀 다른 사람으로 다시 태어날 수 있다.

지금의 내가 싫다면서도
스스로를 바꾸려 하지 않는다

자신의 일상이 임팩트가 없다든지 밖에서 다른 사람과 함께 있으면 활기가 있지만 집에 돌아와서 혼자 있으면 마음이 가라앉고 우울해진다고 하면서도, 생활은 아무것도 바꾸려

들지 않는다. 그런 사람이 의외로 많다.

자신이 싫다고 한탄하면서도 그런 자신을 바꾸려는 행동이 없다. 그러면 언제까지나 우울한 일상에서 달아날 수 없다.

그런 사람은 자신에 대해 한탄은 하지만 자신을 마주하지 않는다. 텔레비전을 보거나 음악을 듣거나 인터넷 검색을 하거나 게임을 하거나 SNS를 하거나 마음을 산만하게 하는 일만 하며, 자신과 마주하지 않는다. 마치 자신과 마주하기를 피하는 것처럼 기분전환에만 몰두한다.

'인간은 의미를 추구하는 존재다'라고 하며, 의미를 느낄 수 없는 데에서 오는 공허감이 많은 현대인을 괴롭히고 있다고 보는 실존분석의 제창자인 정신과 의사 프랭클린은 기분전환에 의해 허무함을 직면하는 것을 회피하고 있는 사람이 너무나 많다고, 기분전환의 폐해를 지적하고 있다.

집에 돌아오면 바로 텔레비전을 켠다. 컴퓨터를 켠다. 허무함에, 말하자면 납득할 수 없는 자기 자신과 직면하는 것을 피하기 위해 더더욱 기분전환에 매달린다. 스마트폰의 등장이 그런 경향을 가속화시키고 있다.

전철 안에서도, 집에 있을 때도, 스마트폰을 손에서 놓지 않는다. 끊임없이 만지작거리면서 자신과 마주하는 순간을 더욱

더 피하고 있다. 그럼으로써 자기 내면의 공허함을 직면하지 않는다. 암흑 속으로 빨려들어갈 것 같은 공포를 맛보지 않아도 된다.

기분전환용 오락의 장이나 도구가 계속해서 개발됨으로써 자신과 직면할 기회가 박탈된다. 그런 탓에 자신을 바꿀 기회조차 놓치게 된다.

'지금 그대로의 나로 괜찮아'라는 악마의 속삭임

그런 기분전환용 오락에 더해 '지금 그대로의 나로 괜찮아' '무리하지 않아도 괜찮아'라는 상투적인 마음 케어 문구가 퇴행적인 사람을 대량생산하고 있다.

지금 그대로의 나를 받아들이기, 즉 자기수용이 긍정적으로 살아가는 데 중요한 의미를 갖는다는 것은 말할 필요도 없다. 하지만 그것은 아직 미숙하고 앞으로 많이 발전해야 하며, 이 상과는 멀리 떨어져 있지만 매일매일 열심히 노력하면서 건강하게 살아가는 자기 자신을 인정해주자, 아직 미숙하다고 너무 질책하지 말자, 있는 그대로 받아들이자라는 의미이다.

지금 그대로 성장하지 않아도 된다, 지금 그대로 괜찮다는 뜻이 아니다. 그대로 괜찮다, 바뀔 필요는 없다고 하면 아무리 시간이 지나도 상처받기 쉬운 마음을 품고 사건 하나하나에 심하게 마음이 가라앉고 한번 가라앉으면 좀처럼 떨쳐버리지 못하고, 그런 자신에게 자기혐오를 느끼고, 우울한 인생을 계속 보내야 한다.

그래도 될까. 그런 인생을 바라는가. 할 수만 있다면 사소한 일에 일일이 상처받거나 움츠러들지 않고 지낼 수 있는, 좀 더 긍정적으로 살아갈 수 있는 강한 마음, 쉽게 상처받지 않는 마음을 갖고 싶지 않은가.

사실, '지금 그대로의 나로 괜찮아' '무리하지 않아도 괜찮아' 라는 상투적인 마음 케어 문구는 마음이 몹시 상처를 받아서 질병 수준일 때, 그런 상태에서 열심히 노력하라는 건 너무 심하다는 것으로, 현실 생활에서 심리적으로 임시 피난처로 피난시켜서 마음을 일시적으로 보호하기 위한 것이다.

그것을 일상적인 장면에 대입시키는 풍조가 널리 퍼진 탓에 일상에서 노력하고 최선을 다하거나 자기를 컨트롤하는 힘을 높이지 않고, 약하고 미숙하고 상처받기 쉬운 모습 그대로 살아가는 사람들이 눈에 띄게 되었다.

마음이 담금질되어 있지 않으므로 사소한 일에도 심하게 상처받는다. 뭔가에 대해 자신이 없다. 자신이 없고 불안감이 커서 타인의 사소한 말이나 태도에 필요 이상으로 신경 쓴다. 싫은 일이 있을 때마다 크게 낙심하고 앞으로 나아가고 싶지 않다. 긍정적으로 힘을 낼 수 없으므로 임팩트 없는 인생이 된다. 그 결과 불평불만만 많아지고 그런 내가 싫어진다.

마음이 담금질되어 있지 않으므로 리질리언스resilience가 낮은 것이다. 리질리언스란 '복원력'으로 번역되며 원래는 물리학 용어로 '탄력'을 의미하는데, 심리학에서는 회복력이나 다시 일어서는 힘을 의미한다. 조금 더 구체적으로 설명하자면 리질리언스란 강한 스트레스 상황에 놓여도 건강 상태를 유지할 수 있는 성질, 스트레스의 영향을 완화할 수 있는 성질, 일시적으로 부정적인 라이프 이벤트의 영향을 받더라도 바로 회복하여 다시 일어설 수 있는 성질을 말한다.

요컨대 싫은 일이 있을 때는 누구나 움츠러들지만, 거기서 다시 일어설 수 있는지, 오랫동안 질질 끌고 갈지는 리질리언스에 달려 있다.

어떻게 헤쳐가야 할지 알 수 없는 상황에 처하면 마음이 부담스럽고 움츠러들거나 고민하거나 절망적인 기분이 되는 건 누구나 마찬가지다. 하지만 거기서 포기하고 내던지거나 낙담하고만 있으면 상황은 바뀌지 않는다. 더더욱 움츠러들고 비참해질 뿐이다.

거기서 문제가 되는 것이 리질리언스다. 곤란한 상황에서도 마음이 꺾이지 않고 적응해 가는 힘. 좌절하여 움츠러들더라도 거기에서 회복하고 다시 일어서는 힘. 힘든 상황에서도 포기하지 않고 계속해서 애를 쓸 수 있는 힘.

이런 리질리언스가 부족하면 곤란한 상황을 견딜 수 없다. 그럴 때 입에 담는 것이 '마음이 힘들다'라는 멘트다. 리질리언스가 높은 사람은 어찌해볼 수 없는 혹독한 상황에 놓여서 움츠러들기는 해도 마음까지 힘들어지지는 않으며 반드시 다시 일어선다.

운동선수가 큰 부상을 입었을 때 '부상이 나을 때까지는 근력 훈련이나 연습은 잊어버리고 푹 쉬세요'라고 하는 건 틀린 게 아니다. 하지만 부상이 나은 뒤나 부상을 입지 않은 선수한테까지 '근력 훈련이나 연습은 잊어버리고 푹 쉬세요'라고 할까. 그런 말을 했다가는 훌륭한 선수는 길러낼 수 없다.

그러므로 중요한 것은 '지금 그대로의 나로 괜찮다' '무리하지 않아도 된다'라는 긴급 상황 때 마음을 케어해주는 멘트를 평상시에 적용하지 않는 것이다. 그리고 리질리언스를 높일 수 있도록 마음을 강하게 단련하는 공부를 하는 것이다. 그때 기억과 사귀는 방법이 중요한 열쇠를 쥐게 된다.

자기 조절 능력이 인생을 성공으로 이끈다

EQ라는 말을 들어본 적이 있는가. IQ만을 중시하는 풍조에 대해 IQ만 높아서는 사회에서 성공할 수 없다고 보고 마음의 지성의 중요성을 역설한 것이 심리학자 대니얼 골먼 Daniel Goleman이다. 원래는 정서 지성EI, Emotional Intelligence라고 했는데 번역서에서 IQ와 대비시키기 위해 EQ라고 번역되어 '마음의 지능지수'라고 불리게 되었다.

골먼은 IQ가 높은 사람이 반드시 성공하지는 못하거나 평균적인 지능을 가진 사람이 큰 성공을 거두는 배경에는 EQ가 작동하고 있으며 그것은 선천적 소질로 규정되기 쉬운 IQ와 달리 노력에 따라 높일 수 있다고 한다.

미국은 철저한 능력주의 사회라서 지적 지능이 인생을 크게 좌우한다. 빈부격차는 우리와 비할 바가 못 되며, 지적 능력에 따라 미래의 생활수준이 극단적으로 달라진다. 그러므로 지적 능력의 획득이나 출세를 위한 경쟁이 대단히 격렬하고 혹독한 사회라고 말할 수 있다. 그런 미국에서도 학력만으로는 활약할 수 없다고 하여 마음의 지성, 이른바 EQ의 중요성을 재조명하자고 하는 것이다.

EQ는 미국에서 들어온 사고방식이지만 우수한 학력만으로는 사회에 나가서 활약할 수 없다는 것은 오히려 인간관계의 영향력이 큰 우리 사회에 잘 맞는다고 볼 수 있다. 이제 EQ는 교육의 세계뿐만 아니라 비즈니스의 세계에서도 주목받고 있다.

그럼 EQ란 구체적으로 어떤 능력을 의미하는 것일까. 그것은 자기성찰, 열의, 인내, 의욕, 공감 등 책상 앞에서 한 공부로는 익힐 수 없는 능력이다.

심리학자 샐로베이Peter Salovey와 메이어John D. Mayer는 EQ의 요소로 감정 컨트롤 능력, 감정의 이해와 분석, 감정에 의한 사고의 동기부여, 감정의 지각·평가·표출능력을 들고 있다.

골먼은 자기 자신의 감정을 아는 능력, 감정을 컨트롤하는 능력, 자신에게 동기부여를 하는(의욕을 갖게 하는) 능력, 타인의 감정을 컨트롤하는 능력, 인간관계를 잘 처리하는 능력을 들고 있다.

자기 마음의 상태를 파악하는 능력. 자기 안에 생겨난 격정을 억누르거나 컨트롤하는 능력. 사물을 낙천적으로 보고 움츠러들지 않는 능력. 끊임없이 호기심을 보이는 능력. 의욕적으로 사태에 달려드는 능력. 자신을 고양시키는 능력. 다른 사람의 기분에 공감하는 능력. 싫은 기분이 들지 않게 하면서 다른 사람의 기분을 케어하는 능력. 다른 사람과 협조하는 능력. 친구들과 즐겁게 사귀는 능력. IQ로는 측정할 수 없는 이런 능력이 EQ다.

결국 인생에서 성공하기 위해서는 필요에 의해 자신의 마음을 컨트롤하는 능력이 필요불가결한 것이다. 아무리 지적 능력이 높아도 툭하면 감정적이 되거나 인내력이 없거나 의욕이 부족하거나 다른 사람과 잘 지내지 못하면 아무리 뛰어난 지적 능력도 발휘할 수 없다.

2000년에 노벨경제학상을 받은 해크먼James J. Heckman은 사회에 나온 다음부터의 성공에서 중요한 것은 IQ로 대표되는 인지 능력을 높이는 것뿐만 아니라 인내력, 협동심, 의욕 등의 비인지 능력을 높이는 것임을 주장하고 있다. 이런 비인지 능력이 높을수록 학력이나 소득이 높은 가정이 많고 생활보호수급율이나 범죄율이 낮다는 등의 실증적 데이터가 있다.

이런 비인지 능력을 높이기 위해서도 기억과 사귀는 방법을 공부하는 것이 크게 도움이 된다.

쉽게 상처받고 우울해하는
나로부터 벗어나기

마음을 케어하는 멘트에 평소에 익숙해져버리면 점점 리질리언스가 낮은 사람이 되어 인내심, 협동심, 의욕, 감정 억제력 등의 비인지 능력이 저하된다. 상처받기 쉽고 걸핏하면 움츠러들고 열심히 노력해야 하는 상황에서도 의욕이 생기지 않고 금방 포기하거나 다른 사람과 잘 어울리지 못하여 회사에서도, 사생활에서도 고생을 한다.

실제로 '현대형 우울' 등으로 불리는 가벼운 우울증이 늘어나는 추세이다. 본인은 정말로 움츠러들어 괴롭지만 많은 사람들이 거기에 반응해주지 않는 것에도 과민하게 반응한다. 그럼으로써 본인도 힘들지만 주변 사람들도 피해를 본다.

사소한 일에 상처받았다는 '마음의 상처 신드롬'이라고 부를 만한 경우도 늘어나고 있다. 다른 사람이라면 상처받지 않을 것 같은 일에도 심하게 상처받는다. 그 결과 피해의식이 높아지고 자신이 받아들이는 방식이 과민한 것은 나 몰라라 하면서 다른 사람들을 탓하기 쉽다. 본인이 힘든 것은 사실이라 해도 별것 아닌 언동에 상처받았다고 하면 주변에서도 대응하기 힘들며 때로는 모든 사람들로부터 기피대상이 되기도 한다.

어찌되었건, 이처럼 쉽게 움츠러들고 상처받기 쉬운 마음을 품고 있으면 일을 할 때도 소극적이 되기 쉽고 인간관계도 어긋나기 쉽다. 그 결과 자기 세계를 점점 좁아지게 만든다.

그런 움츠러들기 쉬운 마음가짐, 상처받기 쉬운 마음가짐은 어떻게든 바꿀 필요가 있다. 거기에도 기억의 정리 방법이 관련되어 있다. 그것을 바꾸지 않으면 괴로운 심리 상황에서 벗어날 수 없다.

뭔가에 대해 움츠러들거나 상처를 받는 것은 다른 사람이 나쁘기 때문도, 자기 자신이 나쁘기 때문도 아니다. 기억 시스템이 나쁜 것이다. 그것을 바꾸면 강한 마음을 가질 수 있으며 긍정적인 인생으로 전환할 수 있다.

나를 망치지 않는 발상의 전환

이제 알았을 것이다. '지금 이대로의 나'로는 안 되는 것이다. 자신의 마음을 단련시키지 않으면 사소한 일에도 상처받기 쉬운 사람, 중요한 시기에도 최선을 다하지 못하는 사람이 되고 만다. 그렇게 되면 누구보다도 본인이 가장 힘들어진다.

똑같은 상황에 처했을 때 다시 일어설 수 없을 정도로 상처를 받고 움츠러드는 사람이 있는가 하면, 의연하게 극복하는 사람도 있다. 다시 일어설 수 없을 정도의 데미지를 입고 괴로운 세계에 발을 들여놓기보다는 긍정적으로 극복해가는 것이 좋지 않은가.

'지금 이대로의 나로 괜찮다' '열심히 하지 않아도 괜찮다'는 식의 마음 케어 문화 속에서 어리광을 부리게 되면 현실에서 사소한 난관에만 부딪쳐도 힘들어하며, 의미 있는 인생을 개척할 힘이 없는 연약한 사람이 되고 만다.

그것은 얼핏 보기에는 소중히 대우받는 것 같지만 사실은 인간으로서 성장의 기회를 빼앗기고 있는 것이다. 기분 좋고 긍정적으로 살아갈 인생을 얻을 수 있는 기회를 박탈당하고 있는 것이다. 어떻게든 심기일전하여 자신을 성장 궤도에 올려야 할 것이다. 그러기 위해서도 자신을 포기하지 않는 발상의 전환이 필요하다.

기억하는 방법을 바꾸면
쉽게 낙심하지 않는 내가 된다

거기서 필요한 것이 자기개조이다. 그러기 위한 효과적인 방법이 4장 이하에서 구체적으로 제시되는 기억정리법이다.

다시 한 번 말하지만, 그것은 기억과 건강하게 사귀는 법이지, 기억력을 높이는 방법이 아니다.

기억정리법이란 기억을 잘 컨트롤하고 제대로 사용하여 생생하고 안정감 있으며 긍정적이고 건강한 인생을 이끌어가는 방법이다.

사소한 일에 상처를 받거나 우울한 기분이 되는 사람이 급증하고 있다. 한번 움츠러들면 좀처럼 털어내지 못하는 사람도 적지 않다. 그런 징후 역시 기억의 방식에 문제가 있는 것이다.

기억정리법을 습득하여 기억을 정리할 수 있게 되면, 별로 상처받지 않고 많이 움츠러들지 않는 마음을 갖게 된다. 어떤 때라도 긍정적인 마음을 잃지 않고 열심히 해볼 수 있게 되는 것이다.

인생이란 기억이다.

앞에서 이야기했듯이 자신의 가치를 느끼지 못하는 것도, 자신감을 갖지 못하는 것도, 모든 것은 기억에 달렸다.

'어떻게든 되겠지' 하고 낙관할 수 있는 것도, 아무리 해도 안 될 것 같은 비관적인 기분에 사로잡히는 것도 기억하기 나름이다.

밝은 전망을 그릴 수 있는 것도, 밝은 전망을 그리지 못하고 폐쇄감에 사로잡히는 것도 기억하기 나름이다.

타인을 믿을 수 있는 것도, 어떤 사람에 대해서도 불신감을 씻지 못하는 것도, 모두 기억하기 나름이다.

아무것도 하고 싶지 않은 것도, 인생이 긍정적이 되지 않는다는 것도, 자기 자신에게 자신감이 없는 것도, 모두 건강하지 않은 기억에 지배되고 있기 때문이다.

나의 인생은 좌절뿐이다. 내 인생에는 아무런 임팩트가 없다, 좀 더 빛나고 싶다. 미래의 희망이 없고 밝은 전망이 없다. 이런 상태에서 벗어나려면 기억 시스템을 건강하게 바꿀 필요가 있다.

그러기 위해서는 무엇보다 기억을 정리할 필요가 있다. 기억에 접근하는 방법을 조정해갈 필요가 있다.

지금 당장 기억정리법을 실천하여 긍정적인 인생을 손에 넣어보자.

제3장

신경을 끄면

진짜 내가 보인다

인생이란 자전적 기억 속을
살아가는 것이다

'내 인생은 대체 뭐였지?' 하는 생각이 문득 뇌리를 스칠 때가 있다. 어떤 일 때문에 꽉 막혔다고 느낄 때다. 그럴 때 우리는 거의 자동적으로 지금까지의 인생을 돌아보게 된다.

내가 어떤 인생을 걸어왔을까, 스스로에게 물었을 때 우리는 기억을 더듬어보게 된다. 자신의 인생은 자기 자신의 기억을 돌아봄으로써만 이해할 수 있다.

우리의 기억 속에는 철이 든 다음부터의 모든 사건이나 그것에 얽힌 생각이 새겨져 있다. 거기에다 매일매일 새로운 경험을 새겨넣어가는 것이다.

자서전은 유명한 사람들만 쓰는 것이라고 생각할지 모르지만, 앞에서 이야기했듯이 사실은 누구든지 자서전을 쓰듯이 매일매일의 경험을 기억에 새기면서 살아가고 있다. 그렇게 해서 써내려간, 매일매일 업데이트되어가는 기억을 '자전적 기억'이라고 한다.

앨범을 끄집어내서 초등학생 시절의 소풍이나 운동회, 가족 여행 사진을 보고 있으면 당시의 이런저런 사건이 되살아난다. 고교 시절의 앨범을 펼치면 친구들과 있었던 사건이나 그리운 추억들이 되살아난다. 앨범에는 자전적 기억을 불러오는 힘이 있다.

어린 시절에 사용했던 야구 글러브를 보면 소년야구를 하던 시절의 사건이 차례차례 떠오른다. 젊은 시절에 혼자서 여행을 갔을 때 사 온 물건이나 병에 담긴 모래를 바라보면 여행지에서 만났던 친구들과의 기억이 되살아난다. 기념품도 역시, 그리운 추억과 함께 자전적 기억을 환기시킨다.

젊었을 적에 일기를 썼다는 사람이 적지 않은데, 어른이 되어 바쁜 하루를 살게 되면서 언젠가부터 일기를 쓰는 습관이 사라져버리는 일이 많다. 이사를 하면서 물건을 정리할 때 등, 수십

년 만에 옛날 일기를 발견하고 일기장을 팔락팔락 넘겨보면 자신의 인생에 대한 재발견이 있는 법이다.

매일의 사건이나 그것에 얽힌 생각을 모아둔 일기장은 그야말로 자전적 기억의 소재의 보물창고다. 젊은 날의 일기를 읽는 것은 참으로 부끄러운 일이지만, 거기에는 오랫동안 떠올리지 않았던 예전의 자신이 깃들어 있다.

자전적 기억은 몇 살까지 거슬러 올라갈 수 있을까

당신의 인생도, 자전적 기억으로서 마음속에 저장되어 있다. 그것을 정리해 주면 된다. 그럼, 눈을 감고 마음의 스크린에 당신의 자전적 기억을 비춰보자. 어떤 장면이 기억에 떠오르는가.

극히 최근의 일이 떠오를 수도 있고, 젊은 날의 일이나 어린 시절의 일이 떠오를 수도 있다. 거기에서 연상이 작동하여 차례차례 그리운 기억이 되살아날 것이다.

그리움에 젖어 있고 싶은 심정은 알겠지만, 거기서 다시 기억을 거슬러 올라가 보자. 영화나 비디오 영상을 되감기 하듯이.

영상을 되감는다는 마음의 작업은 짧은 시간 안에는 할 수 없으므로, 끈기 있게 시간을 거슬러 올라가도록 시도해보기 바란다. 한참을 있으면 더 옛날의 기억이 분명히 떠오를 것이다. 그대로 쭉 거슬러 올라가면 과연 어디까지 거슬러 올라갈 수 있을까.

심리학에서는 그것은 '최초의 기억'으로 연구하고 있는데 대략 3살 정도까지 기억을 거슬러 올라갈 수 있다고 알려져 있다.

심리학자 다디카 팀은 가장 이른 시기의 기억을 더듬어 가면 평균월령은 42개월 전후라고 보았다. 심리학자 할리데이 역시 가장 이른 시기의 기억의 평균월령은 39개월 정도라고 보고하고 있다.

나 역시 다양한 연령대의 몇천 명을 대상으로 최초의 기억에 대해 조사해왔다. 물론 기억에는 커다란 개인차가 있으며, 초등학교 시절의 일도 거의 기억하지 못하고 10살 이전의 일은 하나도 기억하지 못하는 사람도 있지만 많은 사람들의 최초의 기억은 3~4살 무렵의 사건이었다.

예를 들면 다음과 같은 것이 최초의 기억으로 제시되었다.

"아빠랑 누나랑 나랑 하라주쿠 거리를 걷고 있었다. 어린 나는 금방 다리가 아파서 아빠한테 '힘들어요' 하고 말해서 투정을 부렸던 것을 기억하고 있다. 그때는, 모처럼 도쿄에 놀러 간

것이어서 여기저기 많이 구경하고 싶었지만 아빠랑 누나를 따라다니기 바빴다.(3~4살 무렵)"

"유치원에서 대말타기를 며칠씩 연습해도 타지 못했는데, 드디어 탈 수 있게 된 것. 내 힘으로 해냈다는 성취감이 생겨서 기뻤다.(4살 무렵)"

"친한 친구랑 둘이서 낮잠을 자고 있었는데 눈이 떠졌고, 어머니가 안 계시기에 일어나서 어머니가 계시는 곳으로 갔다. 그때 어머니가 '무슨 일이니?'라고 말씀하시고, 나는 '그냥 깼어요.'라고 말했다. 그런 말을 주고받았던 것 같다. 눈을 떴을 때, 여름날 저녁이라서 창밖으로 보이는 저녁놀, 오렌지빛으로 물든 방이 아름다웠고, 옆에는 친한 친구가 있고, 옆방에는 집안일을 하고 있는 어머니가 있었다. 안도감에 싸인 느낌, 포근한 느낌이 든다.(3살 무렵)"

"어머니와 백화점에 쇼핑을 하러 갔는데 도중에 길을 잃었다. 처음에는 금방 찾을 수 있을 거라고 안심하고 있었는데 시간이 지나자 점점 불안해져서 '어떻게 되는 걸까' '엄마가 아닌 다른 사람에게 맡겨지는 것 아닌가' 하고 엄청 불안해졌던 것을 기억한다. 잠깐이었지만, 앞으로 내가 살아갈 길을 생각했다. 정말 무서웠다. 지금도 그때 일을 생각하면 정말 무서워진다. 그때 정말 난처했던 기분이 지금도 되살아난다.(3살 무렵, 유치원에 들어가기 전)"

"마침 여동생이 태어나서 어머니가 안 계신 것이 서러워 울면서 할머니와 함께 잤던 것을 기억한다.(3살 무렵)"

그렇다면 자전적 기억은 왜 3살 정도까지 거슬러 올라가지 못하는 것일까. 거기에는 인지 능력의 발달이 관련되어 있는 것 같다. 심리학자 피바슈 팀의 연구에 따르면 2살이 되면 다른 사람이 물어보면 이전의 경험에 대해 기억해 낼 수는 있지만, 자기 자신을 하나의 이야기를 가진 존재로 파악하지 못한다고 한다.

자전적 기억이란 자신을 주인공으로 하는, 줄거리를 가진 이야기다. 그러므로 이야기를 만드는 인지 능력이 발달함에 따라 3살 무렵부터 자전적 기억이 서서히 완성되어 간다는 것이다.

내가 수행한 최초의 기억에 대한 조사에서는, 출산을 위해 모친이 부재하고 조부모와 함께 지냈던 때의 기억을 서러움과 함께 보고하는 케이스가 상당히 많이 발견되었다.

심리학자 샤인골드 팀은 3살 이전에 형제자매가 태어난 대학생에게 면접 조사를 했다. 그 결과, 4살 이후에 형제자매가 태어난 사람은 39명 가운데 당시를 기억하지 못하는 사람이 딱 한 명이었던 데 비해, 3살 이전에 형제자매가 태어난 사람은 대부분 당시 에피소드를 전혀 기억하지 못한다는 것을 알았다.

여기에서, 형제자매가 생긴다는 인상적인 사건이 일어나도 3살 이전의 일이라면 자전적 기억에 포함되기 힘들다는 것을 알 수 있다. 이 결과는 3살쯤 되면 이야기를 만들 수 있게 된다는 인지 능력의 발달 과정과 일치한다.

자전적 기억의 범프 현상

최근 일일수록 잘 기억하고 옛날 일일수록 잘 기억이 나지 않는다. 그것이 일반적인 기억의 법칙이다. 실제로 자전적 기억에 관해 조사해 보면 어떤 단어를 실마리로 하여 상기되는 에피소드는 새로운 것이 많고, 옛날 일일수록 상기하기 어렵다.

예를 들면 지난해 여름휴가 때 어디에 갔었는지, 재작년 여름휴가 때 어디에 갔었는지는 금방 기억해 내지만, 10년 전 여름휴가 때는 어디에 갔었는지, 20년 전 여름휴가 때는 어디에 갔었는지 좀처럼 떠올릴 수 없을 것이다.

그런데 자전적 기억에는 예외가 있음을 알았다. 최근 일일수록 잘 기억해 낸다는 일반 법칙을 거스르는 경향 이외에 10~20대 무렵의 사건이 그 이후의 사건보다 많이 기억되는 경향이 보이는 것이다.

40세 이상인 사람들을 대상으로 한 조사 결과를 보면, 최근일일수록 잘 기억한다는 전체적인 경향은 보이지만 예외적으로 10~20대 무렵의 일도 잘 기억한다. 그러므로 상기하는 양의 그래프를 그리면 10~20대 주변이 올라간다. 이것은 자전적 기억의 범프bump 현상, 또는 레미니슨스 피크reminiscence peak라고 한다.

왜 10~20대 무렵의 일을 잘 기억하는 것일까. 그것은 지금 자신의 성립을 잘 설명해 주는 에피소드가 특별히 선택되어 자전적 기억을 만들어 간다는 원리가 있기 때문이다. 10대나 20대는 넓은 의미에서 청년기에 해당하며 자기를 확립하고 사회로 진출하는 시기이다. 그 시기에는 이후의 인생 방향을 크게 좌우하는 사건이 생기고 계속되고 밀려든다. 그러므로 10~20대 무렵의 자전적 기억에는 인생의 중대한 에피소드가 많이 담겨 있다.

친구 관계가 어떻게 되었는지, 특히 친한 친구가 생겼다든지, 고립된 느낌이었다든가 하는 것은 이후 인생에서 대인관계의 형성 방식에 크게 영향을 미친다. 연애나 실연의 경험은 그 후에 이성을 대하는 태도에 영향을 미칠 것이다. 대학 입학의 성패는 자신감의 정도를 결정하며, 어떤 학교에 다니는지는 친구관계를 포함하여 가치관이나 삶의 방식에 분명히 커다란 영향을 미친다. 어떤 직업을 갖는지도, 그 후의 인생을 크게 좌우하게 된다. 결혼 여부, 어떤 상대와 결혼을 하는가 등도 인생의 방향을 크게 바꾼다.

이처럼 10~20대에는 친구와의 만남, 연애·실연, 수험·진학, 취직, 결혼 등 그 후의 인생을 크게 좌우하는 사건이 집중되어 있다. 그것들은 인생관이나 인간관을 흔들고, 인생행로의 방향을 바꾸는 것이 되며, 현재 자기의 성립을 설명하는 데 불가결한 에피소드가 된다. 그러므로 잘 기억하고 있는 것이다.

'나다움'을 잘 보여주는 사건을 기억한다

자신의 인생을 돌아볼 때 잘 기억하는 사건에는 공통점이 있다. 그것은 자신다움을 잘 나타낸다는 점이다. 물론 지금까지의 인생을 돌아보면 다양한 사건이 떠오른다. 서로 관련되어 있지 않은 사건도 다양하게 떠오른다. 하지만 각각이 자신다움으로 통하는 뭔가를 갖고 있는 것 같은 느낌이다.

정신분석학자 기시다 슈岸田秀는 어떤 사정이 생겨서 옆집에 양자로 가게 된 것 같은데, 친어머니 집에 가서 어머니의 젖을 먹었더니 형이 자신을 밀쳐냈다는 유아기의 기억이 있다고 한다. 그때, 젖을 준 어머니는 친어머니였지만 호적상으로는 친어머니가 아니므로 자기에게는 권리가 없다고 생각했다고 한다.

여기서 불가사의한 것은 어머니의 젖을 먹는 젖먹이 아기가 과연 호적상의 권리를 생각했을까, 하는 점이다. 있을 수 없는 일일 것이다. 그렇다면 기시다 씨의 유아기 기억 속의 광경은 정말로 당시 사건을 바탕에 두고 있다고 해도, 그때의 생각은 훨씬 나중에 만들어진 것이라고 추측해야 할 것이다. 기억의 소재는 당시의 것이라도, 그것에 대한 의미는 나중에 부여된 것 아닐까.

우리의 기억은 지금의 자신을 설명하는 것으로서 만들어져 있다. 세계의 기원을 설명하는 창세 신화처럼, 우리는 지금 자신의 성립을 잘 설명할 수 있는 이야기를 찾고 있는 것이다.

자기의 성립을 설명하는 이야기를 나는 '자기 이야기'라고 부른다. 유아기, 아동기, 청춘기, 그리고 성인이 되어 사회에 나와서도 우리는 수많은 사건을 경험하고 있다. 하지만 매일매일 경험하는 모든 사건을 쭉 기억하고 있지는 않다. 그래서 현재의 나를 설명하기에 특히 좋은 사건이 선택적으로 기억되어 자기 이야기를 구성하고 있는 것이다.

오래 살다 보면 이런저런 경험을 한다. 누구든지, 다른 사람에게 친절하게 대한 경험이 있는가 하면, 마음에 여유가 없어서 다른 사람을 함부로 대했던 경험도 있을 것이다. 그럼에도 자신을 친절한 사람이라고 생각하는 사람은 누군가에게 친절히 대했을 때의 에피소드를 특히 잘 기억한다. 한편, 자신이 차가운 사람이라고 생각하는 사람은 누군가에게 차가운 태도를 보였을 때의 에피소드를 특히 잘 기억한다.

마찬가지로, 누구든지 최선을 다했던 기억이 있는가 하면 나태하게 지내던 경험도 있을 것이다. 그런데, 자신은 노력파라고 생각하는 사람은 노력했던 다양한 에피소드를 잘 기억한다. 한편, 자신이 노력파가 아니라고 생각하는 사람은 열심히 했던 일도 분명히 있을 텐데, 그런 에피소드는 별로 기억하고 있지 않다.

이렇게 보면, 자전적 기억에는 자신을 알아낼 수 있는 힌트가 가득 숨겨져 있는 것을 알 수 있다. 자신이 어떤 것을 기억하고 있는지를 찾아봄으로써 자신다움이 보이게 된다.

개인심리학을 주장한 아들러는 자기 자신을 이해하기 위해 최대의 도움이 되는 것은 기억이라고 한다. 아들러는 인생에서 마주치는 다양한 과제를 해결하기 위한 대처법을 '라이프 스타일'이라고 부른다. 개인에게 고유한, 살아가는 스타일이다. 개인의 기억은 라이프 스타일에 의해 결정된다고 하며, 그것을 소화에 비유하고 있다.

즉, 자신의 라이프 스타일에 맞지 않는 기억은 버리거나 잊어버림으로써 라이프 스타일에 맞는 기억만 소화되어 자신의 것으로 축적된다는 것이다.

기억이란 어떤 소소한 사건이라도 본인에게는 기억할 가치가 있는 것이다. 자신에 관련된 에피소드를 말할 때 중요한 것은 에피소드 자체가 아니라 그 에피소드가 특별히 기억되고, 상기되고, 말해진다는 점이다. 그 에피소드가 그 사람의 인생사에서 중요한 위치를 차지하고 인생의 의미를 암시하는 것이기 때문에 일부러 기억되고, 상기되고, 말해지는 것이다.

지금의 생활에 불만이 있는 사람의 자전적 기억은 어둡다

자전적 기억이 나다움을 나타내는 것이라면, 과거의 자신을 둘러싼 기억과 지금의 자신 사이에는 밀접한 관계가 있게 된다.

나는 많은 사람들의 자기 이야기를 들어왔는데, 지금까지의 인생을 후회하고 있는 사람도 적지 않다. 그런 사람은 자신의 성장 배경을 부정적으로 말한다.

자신은 과거의 성장 배경이 불행해서 이런 한심한 인생을 살게 되었다. 과거를 돌아보아도 좋지 않은 기억뿐이며 좋은 기억이 하나도 없는데 이렇게 어두운 과거를 가진 사람이 어떻게 행복해지겠나, 이런 식으로 말문을 여는 사람이 있다.

이렇게 말하는 사람의 머릿속에는 과거의 성장 환경이 지금의 자신을 이끌고 있다. 과거의 기억이 지금 자신이 사는 세계를 칠하고 있다는 생각이 박혀 있다. 물론 우리들의 현재와 미래는 사리 분별이 생긴 이후의 자기 형성의 역사에 빚지고 있는 부분이 적지 않다. 그러므로 그런 생각이 틀렸다고는 결코 말할 수 없다. 오히려 많은 사람이 공유하는 상식적인 관점이라고 해도 좋을 것이다.

하지만 우리는 오롯이 과거에 속박된 존재가 아니다. 역방향의 영향도 있다. 우리의 현재 마음이 우리의 과거 풍경을 결정한다는 측면이다.

심리학자 루이스와 페어링은 그것을 증명하려고 시험했다. 유아기에 부모와의 애착관계 상태를 평가한 아이들이 성장하여 대학생이 되었을 때, 현재의 적응상태를 조사하는 동시에 자신의 유아기를 회상하고 평가하게 했다.

그 결과, 자신의 어린 시절의 평가는 실제로 어린 시절에 평가된 부모와의 애착관계의 좋고 나쁨과는 관계가 없고 오히려 현재의 적응 상태와 관계가 있음을 알았다.

즉, 유아기에 부모와 애착관계가 불안정했다고 간주된 인물이 안정되었던 것으로 간주된 인물과 비교했을 때 자신의 유아기를 불행했다든지 불안정했다고 회상하느냐면, 그렇지 않았다.

결과를 보면, 자신의 유아기를 부정적으로 회상하는 인물은 긍정적으로 회상하는 인물에 비해, 현재의 생활에 적응하고 있지 못한 경향이 보였던 것이다. 여기서 알 수 있는 것은 자신의 유아기를 어떻게 회상하고 평가하는가는 실제로 유아기가 어땠는지보다 현재의 생활이 어떤지에 따라 정해진다는 것이다.

이것은 우리가 현재의 시점에서 과거를 재구성하고 있다는 증거라고도 말할 수 있다. 현재의 자기 자신의 심리 상태가 과거를 돌아보는 방식을 결정한다.

즉, 회상함으로써 끌어내어진 자전적 기억에는 현재의 자신의 존재 방식이 짙게 반영된 것이다. 그러므로 자전적 기억을 파헤치는 일은 더 깊은 자기 이해로 이어진다.

자전적 기억은 현재의 나를 비추어 낸다

결국 기억이란 과거의 자신을 비추어 낸다고 많은 사람들은 생각하지만, 사실은 현재의 자신까지 고스란히 비추어 내는 것이다.

이렇게 보면, 자전적 기억을 고정된 것으로 보는 것은 틀렸음을 깨닫는다. 지금의 자신이 바뀌면 자신의 과거를 둘러싼 자전적 기억도 바뀐다. 자전적 기억이 바뀌면 지금의 자신도 바뀐다. 거기에 호순환이 생겨날 것으로 기대할 수 있다.

자신의 과거에 대한 기억은 예전의 자신뿐만 아니라 현재의 자신을 반영하고 있다. 자신의 과거에 대한 태도와 현재의 적응 상태의 관계에도 뚜렷하게 나타나 있다.

내가 실시한 자신의 과거에 대한 태도와 현재의 적응 상태에 관한 조사 결과를 봐도 현재의 적응 상태가 좋을수록 자신의 과거를 대하는 태도가 긍정적이었다.

좀 더 구체적으로 살펴보면, 현재의 자기평가가 높은 사람일수록 자신의 과거에 대한 태도는 긍정적이었다. 즉, 자기평가가 높은 사람일수록 자신의 과거를 좋아하며 자신의 과거에 만족하고 있다. 반대로 자기평가가 낮은 사람일수록 과거를 떠올리면 후회하는 일이 있다고 한다.

또한 현재 고민이 있다는 사람은 자신의 과거에 대한 태도가 부정적이었다. 즉, 고민이 있는 사람이 과거를 떠올리면 후회하는 일이 있으며 과거에 사로잡혀 있는 느낌, 자신의 과거를 좋아하지 않는 것이다.

그리고 자존감이 높은 사람일수록 자신의 과거에 대한 태도가 긍정적이었다. 즉, 자존감이 높은 사람일수록 자신의 과거에 만족하고 자신의 과거를 좋아하며, 과거의 사건을 떠올리는 것을 좋아했다. 반대로 자존감이 낮은 사람일수록 과거를 떠올리면 후회하는 일이 많다고 했다.

또한 우울 경향이 있는 사람일수록 과거에 대한 태도가 부정적이었다. 즉, 우울 경향이 높은 사람일수록 과거에 사로잡혀 있다고 느끼며 과거를 떠올리면 후회하는 일이 있으며 지워 버리고 싶은 과거가 있고, 자신의 과거에 만족하고 있지 않았다.

다른 사람에게 어떻게 보일까 따위에 지나치게 신경이 쓰여 사람들 앞에 서는 것을 불안해하는 것을 대인 불안이라고 하는데, 이것도 자신의 과거에 대한 태도와 관계하고 있었다. 즉, 자신의 과거를 긍정하고 있는 사람일수록 대인 불안은 약하고, 자신의 과거를 거부하거나 과거에 사로잡혀 있는 사람일수록 불안은 강했다.

이런 조사 데이터가 암시하는 것은 우리의 기억은 과거뿐만 아니라 현재의 심리 상태를 짙게 반영하고 있다는 것이다.

우리의 과거는 현재의 자신 안에 있다

그렇게 되면 우리의 기억은 과거에 속한 것일까, 아니면 현재에 속한 것일까, 과연 어느 쪽일까 하는 의문이 생긴다.

그런 의문에 명확하게 답을 제시한 사람이 종교가로서 자기 영혼의 편력을 묶은 『고백』으로 알려진 신학자 아우구스티누스이다. 아우구스티누스는 1,600년 전에 현대의 기억심리학에 시사점을 크게 던지는 기억론을 제시했다.

아우구스티누스는 과거-현재-미래를 관통하며 지속하는 자기 자신의 기억에 대하여 다음과 같이 쓰고 있다.

우리는 기억의 광대한 창고에서 자신을 만나며, 자신이 예전에 언제 어디서 무엇을 했는지, 그때 어떤 기분이었는지를 떠올린다. 거기에는 자신이 직접 체험한 것부터 다른 사람한테서 듣고 믿은 것까지, 기억하고 있는 모든 것이 포함된다. 이 막대한 축적 속에서 자신이 경험한 것과 타인의 언어를 믿은 것의 이미지를 꺼내어 과거의 사건과 연관 짓고, 또한 미래의 행위나 사건이나 희망까지를 고려하여 이들 사건을 마치 현재에 있는 것처럼 생각한다.

아우구스티누스는 다음과 같은 의문을 표한다.

> 과거의 자신의 슬픔을 지금 기뻐하면서 기억하는 경우, 마음은 기쁨을 갖고 기억은 슬픔을 갖는 것은, 대체 무슨 일일까요. 마음이 기뻐하는 것은 마음속에 기쁨이 있기 때문인데, 기억은 그 안에 슬픔이 있는데 슬프지 않다는 건 어떻게 된 일일까요. 기억은 마음에 속해 있지 않은 걸까요. 누가 그렇다고 말할 수 있을까요.
>
> 그러므로, 명백하게 기억은 마음의 위장 같은 것이며, 기쁨이나 슬픔은 달콤한 음식과 쓰디쓴 음식 같은 것이겠지요. 기억에 몸을 맡기면 이른바 위 안에 운반된 것처럼 거기에 맡겨지기는 하겠지만, 맛볼 수는 없게 됩니다. (중략) 그야말로 음식물이 위에서 반추에 의해 역류하듯이 아마도 이것들도 상기에 의해 기억에서 역류하는 것이겠지요.
>
> _아우구스티누스, 「고백」, 「세계의 명저 14 아우구스티누스」, 주오코론사

여기서는 기억되는 내용의 의미가, 기억될 당시의 마음에 의

해 맛볼 수 있는 것이 아니라 상기된 시점의 마음에 의해 맛볼 수 있는 것이라는 관점을 읽을 수 있다. 1,600년 전에 쓰인 문장이지만 상기되는 것은 이전에 기억된 것이 그대로 저장되어 필요에 의해 끌려 나온다고 보는 20세기 과학적 심리학의 견지를 훨씬 뛰어넘고 있다.

더욱이 아우구스티누스는 우리는 미래나 과거를 생각하지만, 그런 미래나 과거가 있는 것은 현재라고 지적한다. 우리가 과거에 대해 말할 때, 기억에서 끄집어내지는 것은 지나가 버린 사건 자체가 아니라 발자국처럼 현재의 마음에 새겨져 있는 이미지이다.

> 예를 들어 나의 소년 시절은 더 이상 없으며, 이제는 더 이상 없는 과거의 시간 속에 있지만, 그럼에도 불구하고 나는 그 시절을 상기하고 이야기할 때는 그 심상을 현재의 시간에서 바라보고 있습니다.
>
> _아우구스티누스, 「고백」, 「세계의 명저 14 아우구스티누스」, 주오코론사

여기서 말하고 있는 것은 자전적 기억을 계속해서 상기하고 있는 사람에게 말을 할 때, 각각의 사건이 일어났을 때의 시점이 아니라, 현시점에서 연상되고 말해진다는 것이다. 즉, 각각의

사건이 일어났을 때 시점으로 음미되는 것이 아니라, 회상하고 있는 현시점에서 음미되는 것이다.

자신의 일기를 다시 읽으면서 부끄러움과 그리움, 후회나 자기혐오가 당시의 자신의 것이 아니라 일기를 다시 읽고 있는 지금의 자신의 것임은 말할 필요도 없다.

우리는 기억은 과거에 속한 것이라고 생각하는 경향이 있는데, 사실 기억이란 상기하고 있는 현재 자신의 평가적인 시점으로 재구성되는 것이며 현재에 속해 있다. 이것이 이 책에서 주장하는 기억정리법의 전제이다.

'우울'도 '희망'도 기억이 데리고 온다

즐거웠을 때를 생각하면 기분이 고조된다. 반면에 싫은 사건을 떠올리면 기분이 가라앉는다. 그런 경우의 긍정적인 기분도 부정적인 기분도 기억이 끌려 나온 것이다. 기억에는 기분을 바꿔주는 힘이 있다.

우울이란 마음의 병으로 여겨지는데 이것은 기억과 기분의 악순환이 초래한 것으로 볼 수 있다.

싫은 사건을 떠올리면 기분이 가라앉는다. 이것은 누구나 일상적으로 경험하겠지만 싫은 기억이 부정적인 기분을 불러오는 흐름이다.

한편 기분이 가라앉으면 과거의 싫은 사건들만 떠오르기도 한다. 이것은 1장에서 소개한 기분 일치 효과에 관한 실험에서도 실증되었는데, 부정적인 기분이 싫은 기억을 끌어낼 수 있는 흐름이다.

우울해지기 쉬운 사람은 이런 기억과 기분의 악순환에 빠져 있다고 볼 수 있다. 그러므로 이런 악순환을 끊어 낼 필요가 있다. 그러기 위해서도 자전적 기억을 긍정적인 의미를 품은 것으로 정리해 주어야 할 것이다.

대학 입시에 떨어졌던 일이 기억나서 봄을 싫어한다는 30대 여성이 있었다.

"봄이 다가오면 주변 사람들은 '이제 곧 봄이네' '올해는 벚꽃이 언제 필까' 등등 기쁘다는 듯이 말하는데 나의 벚꽃은 피지 않았다.(합격하지 못했다) 그 탓인지 해마다 봄이 오면 기분이 우울해진다."라고 말했다. 15년이나 지났는데 아직도 대입 실패의 기억을 계속 갖고 있는 것이다. 여기에도 기억과 기분의 악순환이 명확하게 작용하고 있다.

이것을 끊으려면 껄끄러운 기억을 조금이라도 긍정적인 의미를 품은 것으로 정리할 필요가 있다. 그때 힌트를 제공하는 것은 부정적인 기억에 대해서도 긍정적인 분위기로 말하는 사람의 예이다.

똑같이 대입 실패에 대해 말하더라도 훨씬 긍정적인 방식으로 말하는 사람도 있다. 어떤 40대 남성은 이렇게 말했다. "어떤 대학 합격자 명단에도 나의 수험번호가 없고, 재수해야 한다는 것을 알았을 때는 눈앞이 캄캄해졌고, 결국 다음 해에도 지망했던 대학에 합격하지 못하고 원치 않았던 대학에 입학했다. 그러나 재수학원과 대학 시절이 있었으므로 지금의 내가 있다. 거기서 만난 친구들과 함께 보냈던 나날은 무엇과도 바꿀 수 없는 것이며, 그 재수학원에 다니고 그 대학에 입학하지 않았다면 얻을 수 없었던 것이다. 대입 실패는 능력의 한계를 깨닫게 해 준 쓰라린 사건이었지만, 내가 살아가는 방식이나 미래를 진지하게 생각하는 계기가 되기도 했다. 뭐, 대단한 것을 생각한 건 아니지만, 열심히 해도 생각대로 안 되는 일이 있다는 사실, 인생의 벽을 알았다고나 할까. 나는 일직선으로 나아가고 있는 인간이 아니고, 인생에는 우여곡절이 있으며, 벽에 부딪힐 때 우회로를 찾으면 그럭저럭 나만의 길이 만들어진다. 그런 것을 생각하면서 살아왔다."

과거의 중대한 좌절 체험을 돌아보고, 이렇게 말할 수 있는 사람은 부정적인 사건을 밝은 색깔로 다시 칠하는 데 멋지게 성공한 것이다.

인생은 생각대로 되지 않는 일뿐이다. 생각대로 되지 않는 것의 연속이라는 사람도 있을 것이다. 그런 가운데, 난관에도 불구하고 긍정적으로 살고 있는 사람은 이처럼 부정적인 사건에도 밝은색을 칠할 수 있는 사람이라고 말할 수 있다.

기억이 긍정적인 의미를 품게 되면 기분도 고조된다. 고조된 기분으로 있으면 기분일치 효과에 따라 긍정적인 사건이 기억에 새겨지기 쉬우며, 다시 긍정적인 기억이 연상되기 쉽다. 긍정적인 기억이 연상되면 기분도 고조된다. 그런 선순환이 희망에 가득 찬 긍정적인 자세를 가져오게 해 준다.

트라우마 신화의 폐해

요즘 '트라우마'라는 단어를 쉽게 사용하는 사람이 눈에 띈다. 실제로 자기 이야기를 듣는 상담을 하다 보면 트라우마라는 말을 종종 듣는다. 원래 트라우마란 마음에 깊은 상처를 남길 만한 심각한 사건을 가리키는 것이며 약간 충격을 받을 정도로 트라우마를 얻지는 않는다.

그중에는 엄청난 사건에서 살아남아 심각한 트라우마를 안고 그것에 위협당하고 있는 사람도 있다. 자신이 현재 불행한 것은 젊은 시절의 경험이 트라우마가 되었기 때문이라는 사람들의 이야기를 들어보면, 대부분은 그렇게까지 심각하다는 생각이 들지 않는다. 오히려 '트라우마 신화'라고 불러야 하는 것에 사로잡혀서 자전적 기억을 어두운색으로 물들이고, 그 때문에 인생에 긍정적인 자세를 취하기가 힘들어지지 않았나, 하는 생각이 든다.

한때 유행했던 '어덜트 칠드런 신화'도 마찬가지다. 어덜트 칠드런이란 원래는 알코올 의존증 부모에게 학대를 당하고, 부모의 보호를 받으며 아이답게 자라지 못한 인물을 가리키는 용어였다. 하지만 이 말이 퍼지는 과정에서 부모가 부모 역할을 제대로 해 주지 않아서 유소년기부터 과도한 책임이 지워지고, 부모의 안색을 살피면서 부담을 감당해야겠다고 마음먹어야 했던, 그래서 아이다운 천진난만한 유소년기를 보내지 못했던 인물이라는 의미를 포함하게 되었다.

부모와 자식 관계의 양상은 참으로 다양하다. 부모가 정신적으로 미숙하거나 경제적으로 힘들게 돈을 버느라 발버둥 치거나 자기를 꾸미는 데에만 정신이 팔려서 아이 입장에서 보기에 보호자가 아닌 경우도 우리 주변에서 결코 드물지 않다.

문제는 뭘 해도 제대로 안 풀리는 나, 아무리 애를 써도 좋은 쪽으로 굴러가지 않는 현재 상태를 앞에 두고 그것을 불행한 성장 환경 탓으로 돌리는 경우이다.

나의 현재 삶이 만족스럽지 않은 것은 어덜트 칠드런이기 때문이다. 성장 환경 때문에 불행한 인생이 되었다. 이런 인과론을 받아들여 버리면 장래 전망까지 어두워지지 않을 수 없다. 과거가 나쁘므로 현재가 나쁘다, 현재가 나쁘므로 미래가 나쁘다. 이렇게 되면 영원히 다시 일어설 수 없다.

불행한 집에 태어났다고 모두가 불행한 현재를 사는 것은 아니며 모두가 장래를 비관하고 있지도 않다. 과거의 영향, 성장 환경이라는 배경은 모두가 받아들이는 것이지만 그것을 받아들이는 방식에 따라 현재가 변하고 미래가 변한다.

어떤 40대 여성은 자신이 그야말로 어덜트 칠드런이라고 한다. 자기중심적이고 가족에게는 애정이 없는 이기적인 아버지, 남편이나 아이에 대한 부드러운 배려는 있지만 정서적으로 미숙하여 자기 앞가림도 잘 못 하는 어머니 밑에서 자랐다. 어렸을 때는 부모가 무서웠지만 초등학생 정도가 되자 심정적으로는 포기했다. 아버지가 화를 내지 않도록 쩔쩔매는 어머니, 아버지의 지독함에 한탄하고 때로는 눈물을 흘리는 어머니를 보고 자람으로써 자기감정을 억제하게 되었다. 자신이 부담을 주면 그렇지 않아도 불안정한 어머니가 무너질 것이다. 그렇게 생각하여 어리광을 부리지 않는 아이가 되었다. 부모와 자식의 역할이 역전되어 있으며 그야말로 어덜트 칠드런의 전형이라고 말할 수 있다.

하지만 이 여성은 이런 배경 덕분에 자립심이 몸에 배었다고 말한다. 우리 주위에는 어른이 되어서도 어리광이 심하고 자립하지 못하는 사람이 많은데, 어리광을 부리거나 누군가에게 의존하지 않고 무엇이든 스스로 하려는 자세가 책임감으로 이어져 직장에서 신뢰를 얻었다. 또한 어떤 사람과도 잘 어울릴 수 있는 것도 부모의 안색을 살피면서 자라 다른 사람을 배려할 수 있게 되었기 때문이라고 한다. 의지할 수 있는 것은 자기뿐이라는 마음이 강하고, 사람을 마음으로부터 신뢰하지 못하고, 아무리 친해져도 어리광을 부리거나 마음을 열지 않아 외롭다는 것을 가끔 문제로 느끼지만, 사회생활은 상당히 잘하고 있다고 한다.

이 사례에서도 명백해지듯이 출신 배경은 객관적인 형태로 기억을 형성하는 것이 아니다. 마음속에서 의미가 부여되면서 기억이 되어 가는 것이다. 똑같은 출신 배경이라도, 그것에 의미를 부여하는 방식에 따라 밝은 미래를 불러오는 기억도 되고, 어두운 미래를 불러오는 기억도 된다.

트라우마 신화나 어덜트 칠드런 신화의 문제는, 지금의 불행을 출신 배경 탓으로 돌림으로써 과거를 부정적인 것으로 못 박고 불행한 현재 상황에서 탈출할 수 있다는 희망을 빼앗아 버리는 것이다.

　중요한 것은, 불행한 가정에서도 지금의 자신으로 이어지는 긍정적인 의미를 읽을 수 있다는 점이다. 그것에 의해 미래의 희망이 보이게 되며 현재를 긍정적으로 살아가는 힘도 솟구치게 된다.

우리가 살고 있는 세계는 '사실의 세계'가 아니라 '의미의 세계'다

　　여기서 새삼스럽게 알게 되는 것은, 우리가 살고 있는 것은 사실의 세계에 아니라 의미의 세계라는 점이다. 물론 인생에서 신변에 닥친 사실이 기본이며 사실은 관계가 없다는 말은 아니다. 그러나 우리가 사실을 경험할 때, 실은 사실 자체가 아니라 사실이 갖는 의미를 경험하는 것이다.

　비슷한 사건을 겪어도 긍정적인 마음으로 하루하루를 사는 사람도 있고 투덜거리기만 하면서 하루하루를 사는 사람도 있다. 사건 자체가 문제가 아니라 자신의 사건에 어떻게 의미부여를 하느냐가 문제인 것이다. 우리는 현실 자체를 살아가는 것이 아니라 현실이 우리에게 가져다주는 의미의 세계를 살고 있다.

어떤 기업에서 일하는 사람들을 대상으로 의식을 조사해서 재미있는 사실을 알았다. 같은 직장에서 똑같은 업무를 맡고 있더라도 연봉이 낮다거나 일에 보람이 없다는 식으로 회사나 업무에 불만이 많은 사람이 있는 반면, 손님한테서 직접적인 반응이 있어서 일하는 보람이 있다거나 자기계발에 도움이 된다는 등 만족감을 나타내는 사람도 있었던 것이다.

현실이 갖는 의미란 결국은 자기가 느끼는 것이다. 객관적인 직장 환경이나 업무 내용이 문제가 아니라 그것을 어떻게 받아들이는지에 따라 업무 생활의 의미가 결정되는 것이다.

인생의 의미도 같다. 나는 제대로 된 인생을 살고 있지 않다, 인생에 아무런 의미가 느껴지지 않는다, 등등 삶의 공허함을 느끼는 사람이 많다. 또는 왜 이렇게 인생에 쫓기게 되었을까 하는 절망적인 기분에 빠지기도 한다. 그것은 그 사람의 인생 자체가 의미 없는 게 아니다. 그 사람이 자기 인생에서 긍정적인 의미를 발견하지 못하고 있다는 것이 문제다. 자신의 인생에 대해 '의미가 없다'라든지 '허무하다'라고 의미를 부여하고 있는 것은 다른 누구도 아닌, 자기 자신이다.

인생은 생각대로 되지 않는 일의 연속이다. 사생활이나 업무상의 인간관계, 공부 성적이나 업무 실적 등, 생각대로 되지 않았던 다양한 사건을 경험하고 후회나 좌절감을 맛보는 법이다. 하지만 중요한 것은 생각대로 되지 않았던 여러 사건에서 어떤 의미를 끌어냈는가, 하는 점이다. 그것에 의해 과거가 갖는 의미가 달라지며 자전적 기억의 분위기가 달라진다.

나의 배경에 어떤 의미를 부여하는가, 내 인생의 의미를 어떻게 받아들일 것인가는 결국 나 하기 나름이다. 배경이나 인생 자체에는 아무런 의미가 부여되어 있지 않다. 내가 어떤 의미를 부여하느냐에 따라 배경의 의미, 인생의 의미가 결정된다. 그러므로 경험한 사실은 변하지 않아도 자전적 기억이 갖는 분위기가 부정적인 것에서 긍정적인 것으로 변하는 것은 충분히 가능하다.

과거는 다시 칠할 수 있다

이처럼 자전적 기억이란 결코 과거 시점에 고정된 것이 아니며 현재의 자기 시점으로 만들어진 것이다. 이것은 아주 중요한 것을 우리에게 알려준다.

그것은 자전적 기억은 바꿔쓸 수 있으며 우리는 우리의 과거를 다시 칠할 수 있다는 것이다.

우리의 기억이 알려주는 과거의 모습은 지금의 우리의 시점에서 바라본 것에 지나지 않는다. 그러므로 지금의 나의 심리 상태가 바뀌어 달라진 시점으로 돌아보면 나의 과거를 바라보는 방법이 달라진다.

자전적 기억은 분명 나의 배경을 축으로 하여 나의 배경을 설명하는 기억이며, 나다움을 나타내는 것이다. 단, 그것은 각각의 사건이 일어났던 과거 여러 가지 시점의 나의 것이 아니라, 돌아보고 있는 현재의 나의 것이다. 예를 들면 현재를 잘 적응하고 있는 사람이 적응하고 있지 못한 사람보다도 자신의 과거에 대해 긍정적인 기억을 품고 있는 것도, 기억이 현재를 비추고 있기 때문이다.

거기서 알 수 있는 것은, 지금 여러분이 품고 있는 자신의 과거에 대한 기억은 있을 수 있는 다양한 버전 가운데 하나에 지나지 않는다는 것이다. 되돌아보는 방법에 따라 똑같은 과거의 사건들을 토대로 자전적 기억을 여러 가지로 끌어낼 수 있다. 돌아보는 방법을 바꾸면 지금과는 완전히 차원이 다른 자전적 기억을 가질 수 있다.

카운슬링으로 자기관이 바뀌고 다시 태어날 때도, 어떤 충격적 체험이나 운명적인 만남에 의해 새로운 깨달음을 얻어 인생관이 바뀔 때도, 새로운 시점에 의한 자전적 기억을 다시 쓰는 일이 수행된다.

카운슬링을 받는다고 해서 경험한 사건이 경험하지 않았던 것처럼 되지는 않는다. 경험하지 않았던 사건을 경험한 것처럼 할 수도 없다. 그러나 카운슬링으로 다시 일어설 수는 있다. 다시 태어날 수 있다.

그럼, 다음 장부터는 긍정적인 인생을 살아가려면 기억을 어떻게 정리하면 좋은지에 대해 알아보자.

제4장

꼬리에 꼬리를 무는
독이 되는 생각 정리법

마음속에 새겨진 단어를 바꿔 쓴다

타인의 인생을 부러워하면서 자기 인생은 비참하다고 한탄하는 사람이 있다. 어떤 사람은 자신이 자랐던 가정에서는 아버지와 어머니가 날마다 말다툼을 벌여서 어려서부터 마음이 차분해지지 않았다고 한다. 그런 가정에서 자란 탓에 타인과 잘 어울릴 자신이 없고 결혼은 엄두도 못 낼 것 같은 느낌이 들며 행복한 인생은 자기와는 인연이 없다고 한다. 불행한 어린 시절을 보낸 자신은 영원히 행복해질 수 없다고 철석같이 믿는 듯한 말투가 두드러진다.

하지만 힘들고 괴로운 어린 시절을 보낸 사람들은 모두 불행한 인생을 보내는 것일까. 불행한 성장 환경을 뛰어넘은 사람은 주변에 얼마든지 있다. 오히려 역경을 자양분으로 삼아 충실한 인생을 긍정적으로 살고 있는 사람도 많다.

거기서 중요한 것은 자신의 인생을 자신이 받아들이는 것이다.

지금 자기의 생활이 임팩트가 없는 것을 성장 환경 탓으로 돌린다면 긍정적인 인생은 손에 넣을 수 없다. 앞 장에서 보았듯이 우리의 자전적 기억은 단순히 과거를 비추고 있을 뿐만 아니라 지금의 자신을 비추고 있기도 하다. 그러므로 지금 여기서 자기의 인생을 받아들일 각오를 한다면 자전적 기억의 양상도 달라진다.

가혹한 가정에서 자랐다. 그러므로 나는 행복한 인생과 인연이 없다. 그것은 자기 인생을 환경 탓으로 돌려 버리는 발상이다. 그런 퇴행적인 인생을 긍정적으로 바꾸려면 발상의 전환이 필요하다.

가혹한 가정에서 자랐다. 하지만 앞으로의 인생이 어떻게 될 것인지는 나의 책임이다. 그것이 자기의 인생을 받아들이는 사람의 발상이다.

그런 발상의 전환을 촉진하려면 무의식중에 마음속에 새겨져 있는 말을 바꿔쓰는 것이 중요하다.

자기의 성장 배경을 한탄하고, 그러므로 자기가 한심한 인생을 살고 있는 것은 어쩔 수 없다고 강하게 말하는 사람이 있다. 그 사람의 이야기를 듣고 있으면 '불행한 어린 시절을 보낸 인간은 결코 행복해질 수 없다'라는 말이 마음속에 새겨져 있는 것 같다.

납득할 수 없는 하루하루를 보내고 있는 사람들의 마음속에는 아무래도 불행을 끌어오는 듯한 말이 새겨져 있는 것 같다. 그 부분을 바꿀 필요가 있다.

내가 상담한 사람들 중에는 불행한 성장 환경에 대해 말하는 사람도 적지 않다. 그렇다고 해서 지금 자신의 생활에 대해 부정적인 사람만 있지는 않다. 오히려 그런 역경에도 불구하고 열심히 노력해 온 자신에 대해 자랑스럽게 이야기하는 사람도 있다.

"그 힘든 날들이 없었다면 지금의 강한 나는 없었을 것이다. 아이를 이해해 주지 않는 부모가 정신적으로 단단한 나를 만들었다."

"그 지독했던 어린 시절 덕분에 인내심이 생겼다. 어리광을 마음껏 부리며 자란 친구가 금방 포기해 버리는 것을 보면 고생을 해 보는 것도 나쁘지 않다는 생각이 든다."

이런 말을 듣고 있으면 우리에게 중요한 것은 객관적인 사실이 아니라 그것에 대한 의미부여라는 것을 뼈저리게 느낀다.

부모가 사이가 나빠서 툭하면 버럭 화를 내는 아버지의 목소리와 어머니의 우는 소리를 들으며 자랐다. 그런 사실에서 '그러니까 행복한 결혼 같은 건 세상에 없다'라는 말을 마음속에 새기고 있을 것인가, '그러니까 나는 서로 신뢰할 수 있는 행복한 결혼을 하고 싶다'라는 말을 마음속에 새기고 있을 것인가에 따라 미래의 전망은 크게 달라질 것이다.

집이 가난해서 친구들이 입고 있는 옷이나 갖고 있는 문구나 장난감을 갖지 못해서 아주 힘들었다. 그런 어린 시절의 기억을 토대로 '나의 인생은 시작부터 정말 비참했다. 가난한 집에 태어난 건 내 탓이 아닌데 왜 이렇게 불행할까' 하고 운명을 저주하는 말을 마음에 새기고 있는가, '어린 시절은 힘들었지만 덕분에 참을성이 강해졌다. 좋은 환경에서 자란 사람보다 가혹한 상황에서도 훨씬 끈질기게 노력할 수 있다'라는 말을 마음속에 새기고 있는가에 따라 인생을 대하는 자세는 전혀 달라질 것이다.

자전적 기억 속에, 좀처럼 생각대로 되지 않는 가혹한 시절, 힘든 시절이 있더라도, 그런 역경을 어떻게든 헤치고 살아온 자신이 있는 것도 사실이다. 거기에 눈길을 주는 것이 중요하다.

그리고 자기의 인생을 배경 탓으로 돌리지 않고 자기 인생을 스스로 받아들이기 위해서도 무의식중에 마음속에 새겨져 있는 부정적인 말을 씻어 버리고 퇴행적인 것은 긍정적인 강함을 가진 것으로 바꿔쓰는 일이 필요하다.

건강하지 않은 기억을 건강한 기억으로 바꾼다?

긍정적으로 건강하게 살아가는 요령은 건강하지 않은 기억을 건강한 기억으로 바꾸는 것이다.

기억을 바꾸다니, 너무 미심쩍다고 말하고 싶을지도 모르겠다. 하지만 지금까지 살펴보았듯이 우리는 사실의 세계를 살고 있는 것이 아니라 사실이 갖는 의미의 세계를 살고 있다. 사실은 변하지 않더라도 거기에서 끌어내는 의미는 바꿀 수 있다.

이런 관점에서 보면 건강하지 않은 기억을 건강한 기억으로 바꾼다는 것은 과거에 경험한 사건이 갖는 의미에 관해, 퇴행적인 인생으로 이어지는 건강하지 않은 해석을 그만두고 좀 더 긍정적인 변화를 가져올 수 있는 건강한 해석을 하겠다고 마음먹는 것이다.

싫은 사건인데, 그것을 받아들이는 방법을 긍정적으로 하려고 한다는 것은 일종의 얼버무리기 아닌가, 하고 의심을 품는 사람도 있을지 모르겠다. 하지만 이것은 결코 얼버무리는 것이 아니다.

우리에게 영향을 주는 것은 사건 자체가 아니라 사건에 의해 우리들 마음속에 생겨난 심리적 경험이다. 심리적 경험에는 객관적 사실이 있을 수 없다. 객관적 사건에 있어서도, 우리가 경험할 수 있는 것은 사건 자체가 아니라 그것에 의해 환기되는 주관적 인상이다.

애당초 사건 자체, 삶의 현실 따위는 어디에 있는가? 우리가 경험할 수 있는 것은 우리 눈에 비친 현실의 모습, 우리 시점에서 평가한 사건이 갖는 의미이다. 우리가 살고 있는 것은 물질로 구성된 객관적인 세계가 아니라 의미로 가득 찬 주관적인 세계이다.

똑같은 경험을 하더라도 사람에 따라 의미를 부여하는 방법이 달라진다. 농담으로 놀렸는데 '사람을 바보 취급하나' 하고 버럭 화를 내는 사람이 있는가 하면, '나랑 친해지려고 하는구나' 하고 기꺼이 농담으로 받아치는 사람도 있다. 사건 자체보다 그것에 대해 의미를 부여하는 것이다.

사건이 아니라 인지가
스트레스 반응을 낳는다

현대의 스트레스 이론에도 그런 관점이 채용되고 있다. 싫은 사건이 있으면 스트레스 증상이 나타난다. 그렇게 믿고 있는 사람이 많을지 모르겠지만, 그렇다면 스트레스에 강한 사람과 약한 사람이 있는 것을 설명할 수 없다. 일하다 실수해서 거래처로부터 항의를 받았을 때 '난 안 돼' 하고 비관하면서 몸까지 아파 회사도 쉬는 사람이 있는 반면, '어떻게든 신뢰를 회복해야 한다'라고 생각하여 실수를 한 거래처를 적극적으로 방문하는 사람도 있다.

거기서 알 수 있는 것은, 싫은 일이 스트레스 반응을 낳는 것이 아니라는 점이다. 현대의 스트레스 이론에서는 스트레서와 스트레스 반응 사이에 인지적 평가라는 요인을 둔다.

스트레서stressor란 스트레스의 원인이 되는 사건이다. 거래처로부터 항의를 받는다. 상사한테 야단을 맞는다. 승진이 늦어진다. 병에 걸려서 한동안 요양해야 한다. 친구들로부터 싫은 소리를 듣는다. 가족 중 누군가와 말다툼을 크게 했다. 이런 부정적인 사건은 스트레서가 된다.

하지만 이런 스트레서를 경험한 사람이 반드시 스트레스 반응을 나타내지는 않는다. 상사한테 야단을 맞아 매우 움츠러들고 식욕까지 잃는 사람이 있는가 하면 아무 일 없었다는 듯이 담담하게 다시 일에 몰두하는 사람도 있다. 그것은 사건을 받아들이는 방식이 다르기 때문이다.

병에 걸려 한동안 요양해야 할 때 '큰일 났다. 다른 사람들보다 뒤처지게 됐다' 하고 받아들이면 초조하거나 안절부절못하는 등 스트레스 반응으로 괴로워하게 된다. 하지만 '이것은 현재의 나를 돌아보는 절호의 기회일 수도 있다' 하고 받아들이는 사람은 스트레스 반응으로 괴로워하지 않을 것이다.

어떤 부정적인 사건이 있을 때 그것을 어떻게 받아들이느냐에 따라 스트레스 반응이 나타나는지 그렇지 않은지가 정해진다.

사건을 받아들이는 방법을 터프하게 하는 방법

예를 들면 뭔가 실패를 했을 때 '돌이킬 수 없는 엄청난 실수를 했다'라고 생각하면, 상당히 심각한 스트레스 반응이 나올 가능성이 있다. 배가 아프거나, 위가 쑤시는 듯한 통증이 있거나, 마음이 무거워서 출근하기 싫어질 수도 있다. 하지만

'돌이킬 수 없는 실수는 없다. 어떻게든 되돌리는 것이 중요하다'라고 생각하고 받아들이면 냉정함을 유지할 수 있으며 스트레스 반응도 별로 나타나지 않을 수 있다.

인생에 실패나 좌절은 늘 있다. 그럴 때 '난 안 돼' '왜 이렇게 되었을까' '이젠 모든 것이 싫다' 등등 부정적인 감정에 빠지면 우울한 기분에 지배당하며 기운도 빠진다. 하지만 '일어나 버린 일은 어쩔 수 없다' '자, 어떻게 하면 좋을까' 하고 냉정하게 받아들이면 긍정적인 자세를 취하는 것이 가능하며, 실패를 만회하거나 좌절을 뛰어넘을 수 있는 가능성이 보인다.

인지행동요법에서도 문제가 되는 심리 상태나 행동, 예를 들어 스트레스 증상 등은 스트레서가 되는 사건에 의해 필연적으로 생기는 것이 아니라 부적절하게 받아들이는 방법, 즉 인지 왜곡에 의해 생기는 것이라고 생각하여, 인지 왜곡을 개선함으로써 문제를 해결하려 한다.

인지 왜곡에는 '근거 없는 단정 짓기' '자기 관련 짓기' '감정적 평가' '지나친 일반화' '당위적 사고' 등이 있다. 이런 인지 왜곡이 부적절한 사고를 활성화하고 그 결과 스트레스 반응이 나오기 쉽다. 그러므로 스트레스 반응을 경감하기 위해서는 인지 왜곡을 바로잡을 필요가 있다.

예를 들면 취직 시험에 떨어졌을 때(부정적인 사건) '나는 무능한 인간이다'(근거 없는 단정 짓기+지나친 일반화)와 같은 왜곡된 인지를 하면 기분이 처지고 여러 가지 스트레스 증상이 나타날지 모른다. 하지만 '이 회사와는 안 맞나 보다' 하고 담담하게 받아들일 수 있다면 딱히 데미지를 입지 않는다. 둘 다 주관적 평가이다. 객관적 사실은 취직 시험에 떨어졌다는 것뿐이며 거기에서 추측하는 의미는 대단히 주관적인 것이라고 할 수 있다.

하지만 주관적이라고 해서 무시할 수는 없다. 이 주관적 평가, 즉 객관적 사실에 대한 우리 마음의 인지적 평가야말로 우리들 마음의 세계를 색칠하고 있는 것이다.

상사에게 야단을 맞았을 때(부정적인 사건) '너무해, 꼭 저렇게 말해야 하나'(감정적 평가), '분명히 나를 싫어하는 거야'(근거 없는 단정 짓기) 등 왜곡된 인지를 하는 사람은 의욕을 잃어버릴 뿐 아니라, 안절부절못하거나 우울한 기분이 되는 등 스트레스 반응이 나타나기 쉽다. 하지만 '한 소리 들었네. 조심해야지' 하고 냉정하게 받아들이는 사람은 스트레스 반응이 나타나지 않는다.

영업 목표를 달성하지 못했을 때 등도(부정적인 사건) '이렇게 경기가 나쁜데 팔리겠나'(근거 없는 단정 짓기), '나는 영업이 맞지 않아'(근거 없는 단정 짓기+지나친 일반화) 하고 생각하면 '어차피 무리다' 하고 자포자기하거나 의욕을 잃고 안절부절못하거나 낙담한다.(스트레스 반응) 하지만 똑같은 상황에서도 목표를 달성하고 있는 사람을 보며 영업 방법을 공부하면 매출이 오를 것이라고 긍정적으로 생각할 수 있다면, '어떻게든 되겠지' 하는 생각을 하게 되고, 안절부절못하거나 낙담하지 않고 다시 도전해 볼 의욕도 생길 것이다.

인사 평가가 마음에 들지 않았을 때 등도(부정적인 사건), '상사가 나를 싫어하나보다'(근거 없는 단정 짓기) 하고 생각해 버리거나 하면, '열심히 해 봤자 안 돼'라고 불만을 품고 의욕을 잃어버릴 것이다.(스트레스 반응) 하지만 상사가 어떻게 생각할지 생각해 봐도 잘 모르겠으므로, 그것에 집착하지 않고 자신에게 부족한 점은 무엇일지를 냉정하게 돌아보면, 개선하거나 향상해야 할 점이 보이며 '좀 더 힘을 쏟아야지' 하고 긍정적이 될 수 있을 터이다.

상사가 기분이 나쁠 때도(부정적인 사건) '분명히 나한테 화를 내고 있다'(근거 없는 단정 짓기+자기 관련 짓기) '나는 언제나 사람을 안절부절못하게 만든다' 하고 자기를 책망하며 낙담한다.(스트레스 반응) 그런 때도 '기분이 안 좋은가 보다' '뭔가 기분 나쁜 일이 있나 보다'와 같은 식으로 받아들이고 상사의 기분과 자신을 멋대로 연관 짓거나 하지 않으면 훨씬 담담하게 업무에 집중할 수 있다.

업무에서 잘못을 저지를 때마다(부정적인 사건) '나는 정말 뭘

해도 안 돼'(지나친 일반화) 하고 생각하면 '나는 이 일에 맞지 않
다'고 비관하며 낙담하지만(스트레스 반응) 그런 지나친 일반화를
하지 않으면, 조심해야 할 부분을 명심함으로써 잘못을 줄여 갈
수 있을 것이다.

영업 실적이 동료보다 좋지 않았을 때나 거래처를 화나게 했
을 때 등도(부정적인 사건) '나는 당연히 우수해야 한다' '실패하면
안 된다'(당위적 사고) 등의 생각이 머릿속에 있으면 '이러면 안
된다' '이러면 버림받는다' 등등 자신을 책망하며 낙담하고 만
다.(스트레스 반응) 그럴 때는 당위적 사고를 완화함으로써 '좀 더
노력하자' '이번에는 거래처를 화나게 하지 않도록 조심하자' 하
고 긍정적이 될 수 있다.

이처럼 무의식중에 몸에 배어 있는 인지 왜곡을 깨닫고 그것
을 수정한다면 스트레스 반응으로 이어지기 쉬운 부적절한 사
고의 발생을 막을 수 있으며, 스트레스에 강한 마음으로 바뀔
수 있다. 이것이 인지행동요법의 기본 원리다.

인지가 바뀌면 살아가는 세계가 바뀐다

부정적인 결과가 나왔을 때나 부정적인 상황에 처했

을 때 여러분은 낙담하는가, 자기혐오에 빠지는가, 어떻게든 될 거라고 낙관하는가, 좀 더 노력하자고 자신을 채찍질하는가. 어떤 것도 정답은 아니다. 모두 있을 수 있는 하나의 관점이며, 인지적 평가의 방법이 다른 것뿐이다.

그리고 어떤 인지적 평가를 할 것인가가 기분에 영향을 미치며, 그 후의 행동에도 영향을 미친다.

중요한 것은 소극적인 의미부여를 하는 것이 아니라 적극적인 의미부여를 하는 것이다. 소극적인 의미부여로부터는 소극적인 행동밖에 나오지 않지만 적극적인 의미부여는 적극적으로 행동하게 한다.

우리는 사실 세계의 주인이 아니라 의미 세계의 주인이며, 경험으로부터 의미를 캐내면서 살아가고 있다. 그것을 잊지 않기 바란다.

그러므로 내가 살기 힘든 것을 나에게 닥친 사건이나 뭔가에 내몰린 상황 탓을 해서는 안 된다. 그러고 있는 이상, 살기 힘든 것에서 벗어날 수 없다. 살기 힘든 것을 낳는 것은 객관적인 사건이나 상황이 아니라 그것을 받아들이는 방식, 즉 자신의 인지적 평가의 버릇인 것이다.

따라서 인지적 평가를 보다 건전한 것으로 바꿀 필요가 있다. 현실에 대처하는 관점이 바뀌면 행동이 바뀐다. 긍정적인 인지적 평가가 가능해진다면 기분도 긍정적이 되며 적극적으로 현실과 마주할 수 있다. 실패를 두려워하기보다는 성공을 꿈꿀 수 있게 된다. 위축되지 않고 자신감을 가지고 한 걸음 내디딜 수 있게 된다. 타인의 평가에 일희일비하지 않고 자기의 생각에 충실히 행동할 수 있게 된다.

이런 설명을 듣고 그러면 현실을 자기 보고 싶은 대로 보게 되는 것 아닌가, 걱정하는 사람도 있을지 모르겠다. 하지만 현실에 대한 관점이 바뀌면 현실 자체도 바뀌어 가는 법이다.

상대에 대한 관점이 바뀌면 상대방과의 관계도 바뀌며 나를 대하는 상대방의 태도도 바뀐다. 일에 대한 관점이 바뀌면 일을 대하는 대처 자세도 바뀌고 업무 성과도 바뀐다.

이렇게 해서 인지적 평가가 바뀜으로써 인간관계나 업무 세계도 바뀌며, 살고 있는 세계까지 바뀌는 것이다.

다른 사람과 마음의 교류가 가능해진다. 일에서도 긍정적인 평가를 얻을 수 있게 된다. 예를 들어 관계적으로 엇갈림이 있거나 업무적으로 주저하는 일이 있더라도 치명적이라고 받아들이지 않고 냉정하게 대처할 수 있게 된다. 그렇게 되면 살기 힘든 것에서 해방되어 희망찬 미래도 보이게 된다.

기억을 긍정적인 의미를 가진 것으로 바꿔 쓴다

　　과거를 돌아보고 기억하면 기분이 가라앉는 부정적인 경험은 누구라도 갖고 있을 것이다. 자전적 기억이 좋은 것만으로 채워져 있는 사람은 세상에 없다.

　좋은 일이 있으면 나쁜 일도 있다. 즐거운 일이 있으면 슬픈 일도 있다. 기쁜 일이 있으면 화가 나는 일도 있다. 자랑스러운 일이 있으면 후회하는 일도 있다. 그것이 인생이다.

　내가 실시한 조사에서는 40~50대의 성인에서 3명 중 1명, 20대 전후의 젊은이들에서는 3명 중 2명이 '지워 버리고 싶은 과거'가 있다고 했다.

　그런 부정적인 감정을 일으키는 기억을 그대로 방치해 두면 과거를 돌아볼 때마다 싫은 기분이 된다. 가라앉는다. 그러므로 과거를 별로 돌아보지 않게 된다. 그 결과 과거를 그리워함으로써 마음의 에너지를 보충할 수 없고 살아온 증거인 자전적 기억이 흐릿해져 간다. 그것은 참으로 쓸쓸한 일이다.

　어떤 때라도 긍정적으로 강하게 살아가는 사람은 긍정적인 사건의 기억을 버팀목 삼아 부정적인 사건에서도 앞으로의 인생에 활용할 수 있는 뭔가를 배울 수 있다. 그렇게 부정적인 기억을 정돈하고 있다. 행복한 사건만 갖고 있어서 긍정적인 것은 아니다. 다양한 사건의 기억에의 대처 방식을 익히고 있기 때문에 긍정적일 수 있는 것이다.

'저 사람은 아무 고생도 하지 않고 행복한 환경에서 자랐으니 잘 먹고 잘 살고 있는 것이다. 모두 좋은 환경에서 살고 있으니 자신을 믿고 자신만만하게 앞으로 나아갈 수 있는 것이다. 나처럼 고생과 좌절의 연속이면 저렇게 긍정적이 될 수 없다.' 이렇게 말하는 이가 있는 반면에 '저 사람처럼 가혹한 환경을 헤쳐 온 사람은 강하다. 어떤 역경과도 맞설 수 있는 강력한 힘이 느껴진다. 나처럼 축복받은 환경에서 편하게 살아온 사람에게는 저런 강함이 없다.' 등 반대로 말하는 것을 듣기도 한다.

결국 지금까지 고생을 많이 했는지 적게 했는지, 싫은 일을 많이 겪었는지 적게 겪었는지는 문제가 아니다. 우리의 자전적 기억에는 긍정적인 사건도 부정적인 사건도 모두 포함하여 다양한 사건이 채워져 있다. 중요한 것은 부정적인 사건 속에서도 긍정적인 의미를 발견해 내는 것이다.

자전적 기억은 역사 연표처럼 단순한 사건의 나열이 아니다. 각각의 사건 사이에는 연관이 있고 흐름이 있다. 그리고 뭔가를 떠올릴 때 반드시 어떤 감정이 자극된다.

대입 실패는 그때까지 순조로웠던 자신의 인생에 엄청나게 큰 충격이었다. 눈앞이 캄캄해지고 자신의 인생을 전부 부정하는 감정에 사로잡혔다. 필연적으로 백수가 되었고 한동안 자포자기하는 생활을 했다. 하지만 그것은 처음으로 자신의 인생과 마주한 경험이 되었다. 친구들과도 예전처럼 공허한 이야기만 나누는 것이 아니라 깊은 이야기를 나누게 되었다. 지금 생각하면 그 대입 실패에 의해 인생관이 단련되고 인간으로서의 깊이가 깊어졌다고 느낀다. 이처럼 예전의 부정적인 사건에 얽힌 기억에 긍정적인 의미부여가 가능한 사람은 인생을 긍정적으로 걸어갈 수 있다.

여기에 과거의 기억을 바꿔쓰는 요령이 있다. 과거란 객관적 사실이 아니다. 객관적으로 자신의 외부에 있는 것이 아니다. 자신의 기억 속에 있다. 거기서 중요한 것은 주관적인 의미부여다.

자신에게 닥친 사건을 지울 수는 없지만 그것의 의미를 바꿔쓰는 것은 가능하다. 과거의 부정적인 사건에도 긍정적인 의미부여를 할 수 있게 되면 과거를 두려워하지 않고 돌아볼 수 있다. 기억에 잘 접속하게 되고, 자전적 기억은 살기 힘든 것을 초래하는 것이 아니라 살아갈 용기를 부여해 주는 것이 된다.

긍정적인 기억으로
부정적인 기분을 완화한다

　싫은 기억을 떠올리면 기분이 처진다. 기분이 처지면 그 기분에 어울리는 기억이 검색되고, 이런저런 싫었던 일만 떠오른다. 그리고 더더욱 기분이 처진다. 이런 악순환을 끊는 방법으로 부정적인 기억을 긍정적인 색으로 바꿔 칠하는 방법 이외에 긍정적인 기억을 검색하여 끌어내는 방법도 있다.

　실제로 부정적인 기분일 때 긍정적인 기억을 끌어냄으로써 부정적인 기분이 완화되는 것은 심리 실험으로도 실증되어 있다.

　우울해지기 쉬운 사람은 부정적인 기분일 때 부정적인 사건을 반추하는 경향이 있는데 비해 잘 우울해지지 않는 사람은 부정적인 기분일 때 긍정적인 사건을 떠올림으로써 부정적인 기분에서 회복하고 있다는 데이터도 있다.

　여기에는 감정 컨트롤의 힘이 작용하고 있다. 우울해지기 쉬운 사람은 부정적인 기분에 빠지면 그 기분에 어울리는 부정적인 기억을 자연스럽게 떠올리고 만다. 그에 비해 잘 우울해지지 않는 사람은 부정적인 기분에 휩쓸리는 것에 저항하여 일부러 긍정적인 기억을 떠올리려 한다.

　실제로 잘 우울해지지 않는 사람은 부정적인 기분일 때에는 보통 때보다 긍정도가 높은 기억을 떠올리는 경향이 보인다. 그것은 부정적인 기분에서 벗어나려는 의식하에 필사적으로 격투를 벌이고 있는 증거라고 말할 수 있다.

그러기 위한 구체적인 방법으로서 즐거웠던 일, 잘되었던 일, 칭찬받은 일, 기뻤던 일, 그리운 일 등, 긍정적인 기억을 적극적으로 끌어내려고 하고 있다. 그럼으로써 부정적인 기분을 완화하려는 것이다. 이것을 기분완화동기라고 한다.

여기에서 알 수 있는 것은 기분이 가라앉으면 바로 그런 부정적인 기분을 완화해야만 하며, 긍정적인 기억을 적극적으로 검색하여 벗어나려고 하는 것이 좋다는 점이다.

낙심하기 쉬운 사람은 기억과 만나는 법이 틀렸다

나는 일의 성격상 뭔가에 대해서 우울해지기 쉬운 사람을 많이 만났는데, 그런 사람들의 공통점은 기억에 발목이 잡혀 있는 느낌이 든다는 것이다. 아무래도 기억과 만나는 법에 문제가 있는 것 같다.

우울해지기 쉬운 사람은 부정적인 에피소드를 떠올리는 일이 많다. 문득 깨닫고 보면 부정적인 기억을 차례차례 반추하고 있다고 한다.

친구한테 한소리 들어서 상처받은 말이 신경 쓰이고, 계속 반추하면서 싫은 기분에 빠진다. 많은 사람 앞에서 창피를 당했을 때의 일을 무심코 떠올리고 낙담한다. 열심히 해도 업무에서 성과를 내지 못했을 때 등등, 학창 시절에 아무리 열심히 해도 클럽 활동에서 공연 멤버로 뽑히지 못했던 것을 떠올리며 난 뭘해도 안 돼, 하고 자기혐오에 빠진다.

우울해지기 쉬운 사람의 이야기를 듣고 있으면 어쩌면 이렇게 싫은 일만 계속해서 떠올릴 수 있을까, 하는 생각이 들 정도로 부정적인 사건에 대해서만 말한다. 부정적인 기억을 끌어내는 것에 관해서는 천재적인 능력을 발휘한다.

싫은 사건만 떠올리면 기분이 우울해지는 것은 당연하다. 여기서 1장에서 소개한 기분일치 효과에 대해서 떠올려 보기 바란다.

심리 실험에 의해 같은 이야기를 읽더라도 긍정적인 기분으로 읽은 사람은 부정적인 기분으로 읽은 사람보다 긍정적인 에피소드를 많이 떠올리고, 부정적인 에피소드를 떠올리는 일은 적다는 것이 실증되어 있다.

또한 그것을 약간 변주한 심리 실험에서는 같은 이야기를 읽은 다음 날, 기분을 조작해서 떠올리게 했더니 긍정적인 기분으로 떠올리고자 했던 사람은 부정적인 기분으로 떠올리고자 했던 사람보다도 긍정적인 에피소드를 많이 떠올리고, 부정적인 에피소드를 떠올리는 일은 적다는 것이 실증되어 있다.

요컨대 부정적인 사건을 떠올리면 기분이 가라앉는 것은 당연하지만 기분일치효과 탓에 가라앉은 기분으로 과거를 돌아보면 부정적인 사건의 기억만을 떠올리고 마는 것이다.

기분이 가라앉아 있을 때는 사고도 나쁜 방향으로 흘러가는 경향이 있다. 그럴 때는 나쁜 방향으로 연상이 흘러가서 더더욱 싫은 일을 떠올리게 되어 버리며, 어느새 부정적인 기억을 반추하고 있다. 그리고 기분이 더욱더 처진다.

기분이 처지기 쉬운 사람이 품고 있는 문제는 이런 부정적인 기억의 반추와 부정적인 기분의 악순환이라고 말할 수 있다. 이 악순환을 어떻게 해서든 끊을 필요가 있다.

그러기 위해서는 어떻게 하면 좋을까. 그것을 탐색하기 위한 힌트로 기분과 기억의 관계를 좀 더 살펴보자.

기억이 기분을 바꿔 준다

즐거웠던 때의 일을 떠올리면 기분이 좋아지고 싫은 일을 했을 때의 일을 떠올리면 기분이 우울해진다. 누구나 일상적으로 경험했을 일이다. 그러므로 기억과 만나는 법이 능숙한 사람은 싫은 일은 별로 돌아보지 않기로 하는 법이다. 그러므로 매일 기분 좋게 살 수 있다. 그런데 우울한 기분으로 지내는 사람은 싫은 일을 일부러 떠올리고 반추하고는 싫은 기분이 되고, 마음이 가라앉는다. 기억과 만나는 방법이 서툰 것이다.

옛 동료와 오랜만에 만나면 아주 그리운 기분에 감싸이기 마련이다. 옛 동료와 만나서 옛날이야기를 하면 그리운 기억이 되살아나서 기분이 좋아진다. 긍정적인 기억이 긍정적인 기분을 만들어 준다.

하지만 옛날 기억에는 떠올리면 기분이 좋아지는 것만 있는 것은 아니다. 기분을 꺾어 버리는 꺼림칙한 기억이라는 것도 있다. 옛 동료와 만나고 싶어 하지 않는 사람이 있는데, 그런 사람에는 그런 동료와 보냈던 시간이 별로 좋은 시간이 아니었을 것이다. 그 무렵의 동료와 만나면 싫은 것을 떠올려 버릴 우려가 있다. 부정적인 기억은 부정적인 기분을 초래하기 때문에 옛 동료와 만나는 것을 아주 꺼리게 된다.

고등학교 시절이 아주 즐거웠다는 사람의 경우, 그 시절의 기억에는 긍정적인 사건이 가득 채워져 있을 것이다. 고등학교 졸업 앨범이나 개인적인 앨범을 펼쳐 보면 즐거웠던 사건의 기억이 되살아나서 즐거운 기분이 될 수 있다. 그러므로 기꺼이 고등학교 시절을 되돌아보고 추억에 젖게 된다. 그 시절의 기억이 기분에 활력을 더해 준다.

그에 비해, 고등학교 시절에 별로 친구가 없이 고립된 상태에서 클럽 활동도 하지 않았고 좋은 기억이 별로 없는 사람은 졸업 앨범 등을 보면 당시의 소외감이나 외로움을 떠올리고 기분이 가라앉고 만다. 그러므로 그 시절의 일을 돌아보는 일은 별로 하지 않는다.

기억에는 반드시라고 해도 좋을 정도로 기분이 동반된다. 기억에는 어떤 기분을 환기하는 힘이 있다. 기억이란 사실뿐만 아니라 거기에 동반되는 추억도 포함하는 것이다. 긍정적인 기억은 긍정적인 기분을 환기한다. 부정적인 기억은 부정적인 기분을 환기한다. 그처럼 기억이 기분을 환기한다는 것을 기억해 두자.

기분이 기억을 바꿔 준다

또 한 가지, 주의하기 바라는 것은 기분이 기억에 미치는 영향이다.

우울해지기 쉬운 사람이나 요즘 우울한 기분으로 지내고 있는 사람의 이야기를 들어보면, 그런 부정적인 기분이 문제의 원천이 아닐까 하는 생각이 강하게 든다.

우울해지기 쉬운 사람이나 요즘 우울한 기분으로 지내고 있는 사람은 싫은 사건에 관한 기억을 여기저기 이야기한다. 하지만 앞에서도 지적했듯이, 매일을 기분 좋게 보내고 있는 사람과 비교하여 부정적인 사건을 많이 경험하고 있을 리가 없다.

기분일치 효과에 대한 심리 실험에서도 알 수 있듯이, 긍정적인 기분으로 있으면 긍정적인 사건을 기억에 새기기 쉽고 부정적인 기분으로 있으면 부정적인 사건을 기억에 새기기 쉽다. 그러므로 매일 긍정적인 사건이나 부정적인 사건을 다양하게 경험하더라도 긍정적인 기분으로 보내고 있는 사람은 긍정적인 사건을 기억에 많이 새기는 데에 비해 부정적인 기분으로 보내고 있는 사람은 부정적인 사건을 기억에 많이 새긴다.

심지어 같은 기분일치 효과에 의해 긍정적인 기분으로 있으면 긍정적인 사건을 연상하기 쉽다. 부정적인 기분으로 있으면 부정적인 사건을 연상하기 쉽다. 그러므로 기억 속에 긍정적인 사건이나 부정적인 사건이 다양하게 채워져 있더라도 긍정적인 기분으로 보내고 있는 사람은 긍정적인 사건을 잘 떠올리는 데에 비해, 부정적인 기분으로 보내고 있는 사람은 부정적인 사건을 잘 떠올린다.

기분이 고조되게 조작해서 요즘 사건을 떠올리게 해 보면 긍정적인 사건을 잘 떠올린다. 기분이 처지게 조작해서 요즘 사건을 떠올리게 해 보면 긍정적인 사건을 별로 떠올리지 못한다. 부정적인 기분으로 만들면 즐거운 사건을 떠올리라는 요청을 받아도 검색하는 데 시간이 걸리고, 실제로 떠올리는 사건의 수가 적다. 하지만 불쾌한 사건을 떠올리라는 요청을 받으면 바로 여러 가지를 떠올린다.

이런 기억과 기분의 관계를 다른 각도에서 검토해 보면 더욱 재미있는 것을 알 수 있다. 기억할 때와 그것을 끌어낼 때, 즉 사건이 일어난 때와 그것을 돌아볼 때의 기분 상태가 일치하면 떠올리기 쉬운 것이다.

슬픈 기분일 때는 과거의 슬펐을 때의 일을 떠올리기 쉽다. 즐거운 기분일 때는 과거의 즐거웠던 때의 일을 떠올리기 쉽다. 누구나 경험적으로 납득할 수 있겠지만, 이것도 많은 심리 실험에서 실증되어 있다.

어떤 심리 실험에서는 슬픈 기분으로 유도하여 일련의 단어를 기억하게 했다. 이어서 즐거운 기분으로 유도하여 다른 일련의 단어를 기억하게 했다. 그 후 기억한 단어를 떠올리게 하는 테스트를 했는데, 기억할 때에도 기분을 유도했다. 즉 슬픈 기분으로 유도하여 일련의 단어를 기억하게 하거나 즐거운 기분으로 유도하여 다른 일련의 단어를 기억하게 했던 것이다.

그 결과 기억할 때와 떠올릴 때의 기분이 일치했을 때 기억 테스트 성적이 좋다는 것을 알았다. 즉 슬픈 기분일 때 기억한 단어는 슬픈 기분일 때 잘 기억할 수 있으며, 즐거운 기분일 때 기억한 단어는 즐거운 기분일 때 잘 기억할 수 있었던 것이다.

여기에서 시사되는 것은, 지금과 같은 기분상태였을 때 경험한 사건을 떠올리기 쉽다는 것이다. 이것을 기분상태의존 효과라고 한다.

이리하여 만약 좋은 일이든 나쁜 일이든 똑같이 경험하고 있다고 해도 긍정적인 기분으로 지내고 있는 사람은 자신의 인생을 돌아보고 '좋은 일이 많이 있었다'라고 만족스럽게 말하게 된다. 한편 부정적인 기분으로 지내고 있는 사람은 자신의 인생을 돌아보고 '나쁜 일밖에 없었다'라고 불만족스럽게 말하게 된다.

결국 '나는 축복받았다' '좋은 인생을 보냈다'라고 만족스럽게 말하는 사람이 '나는 불행하다' '내 인생에는 나쁜 일밖에 없었다'라고 불만족스럽게 말하는 사람에 비해 반드시 긍정적인 사건이 더 많이 일어나고 있는 건 아닌 것이다.

우리는 눈앞의 현실을 아주 주관적으로 기억한다. 자신의 감정 상태에 맞춰서 현실을 왜곡시켜서 기억에 새긴다. 그리고 자신의 감정 상태에 맞춰서 기억의 창고에서 끄집어낸다. 그러므로 긍정적인 기분으로 하루하루를 보내는 사람은 긍정적인 사건을 기억에 많이 새기고, 잘 떠올린다. 부정적인 기분으로 하루하루를 보내는 사람은 부정적인 사건을 기억에 많이 새기고, 잘 떠올린다.

이런 것을 통해 알 수 있는 것은, 자신의 인생에 만족하고 있는지 불만투성이인지는 실제로 경험한 경험의 종류나 수가 아니라 어떤 기분으로 하루하루를 보내는가에 따라 정해지는 부분이 크다는 점이다.

기억 접근법을 조정한다

결국 자신의 과거의 기억이란 현재의 심리 상태를 토대로 재구성되는 것이다. 즉 현재의 심리 상태에 의해 떠올리는 과거의 기억의 모습이 달라지는 것이다.

기분이 좋지 않은 사람이 부정적인 사건만을 투덜거리며 말하는 것은 부정적인 기분으로 과거를 돌아보거나, 주변의 사건을 관찰하고 있기 때문이다. 좋지 않은 기분에 맞춰 기억 속에서 싫은 기억만 끌어모으거나 싫은 사건만을 기억에 새기고 있는 것이다.

그런 한편으로, 객관적으로 상당히 비참한 상황에 처했다고 여겨지는 사람이 의외로 밝은 사건을 말하는 경우가 있다. 그것은 긍정적인 기분을 유지할 수 있으므로, 그 기분에 맞춰서 긍정적인 사건이 연상되기 쉽고 긍정적인 사건이 기억에 새겨지기 쉬운 것이다. 더욱이 싫은 일이 있을 때도, 긍정적인 사건을 떠올림으로써 싫은 기분을 중화하는 기분완화 동기가 작용한다.

여기서 말할 수 있는 것은, 하루하루를 기분 좋게 보내는 것이 중요하다는 점이다. 하루하루를 기분 좋게 보내면 긍정적인 기억이 만들어질 수 있으며 긍정적인 기억을 끌어내기 쉬워진다.

우울해지기 쉬운 사람은 부정적인 기분으로 과거를 돌아보기 때문에 싫은 일, 기분을 꺾이게 만드는 사건만 떠올리고 그런 기억에 의해 기분이 더욱더 우울해진다.

그런 기억에 대한 접근법을 바꿀 필요가 있다. 부정적인 기분일 때는 부정적인 사건의 기억을 끌어내기 쉽다. 그러므로 부정적인 기분일 때는 과거를 돌아보지 않도록 해야만 한다.

우울한 기분으로 매일을 보내고 있는 사람은 가라앉은 기분으로 과거를 돌아보므로 부정적인 기억에 접근해 버리며 더욱더 기분이 가라앉게 된다. 가라앉은 기분일 때는 절대로 과거를 돌아보지 않도록 한다. 이것을 철저하게 지킨다.

그렇지만 어느샌가 과거를 돌아보고 싫은 사건을 떠올리는 것이 일상적이며 습관은 그렇게 빨리 바뀌지 않을지 모른다. 확실히 몸에 배어 있는 습관은 그리 간단히 바꿀 수 없다. 바로 그렇기 때문에 강하게 의식하는 것이 중요하다.

문득 깨닫고 보면 싫은 것을 떠올리고 반추하고 있다. 그런 자신을 발견하면 바로 다른 것으로 눈을 돌린다. 가장 좋은 것은 다른 일에 몰두하는 것이다.

가벼운 운동을 한다. 요리를 한다. 쿠키를 굽는다. 자수를 놓는다. 방을 정리하고 정돈한다. 책을 읽는다. 영화나 드라마를 찾아서 본다. 스포츠를 관람한다. 친구와 수다를 떤다. 가족과 수다를 떤다. 무엇이든 좋으니 행동을 취함으로써 회상을 끊어 버린다.

부정적인 기분일 때는 과거를 돌아보지 않고 눈앞의 현실에 푹 빠져보는 것이다. 그리고 기분이 좋을 때 과거를 돌아보기로 한다. 그렇게 하면 긍정적인 기억을 끌어내기 쉽다. 그것에 의해 기분이 더욱 좋아진다. 거기서 과거를 돌아보면 다시 긍정적인 기억이 끌어내진다. 그리고 기분이 좋아진다. 이렇게 해서 긍정적인 기억의 호순환이 생겨난다.

과거를 돌아보는 것은 기분이 좋을 때, 기분이 안정되어 있을 때로 제한한다. 기분이 좋지 않을 때, 기분이 불안정할 때는 절대로 과거를 돌아보지 말고, 어떤 행동에 몰두한다. 이런 철칙을 잊지 않기 바란다.

웃는 얼굴도
긍정적인 기억을 증가시켜 준다

웃는 얼굴은 행복을 부른다. 웃는 얼굴로 있으면 행복해진다. 그런 말을 종종 들을 것이다. 누군가를 미워하기만 하는 사람, 뭐든지 부정적으로 생각하는 경향이 있는 사람에 비해 웃는 얼굴로 사는 것의 소중함을 설파하는 말이다.

인생의 교훈으로나 있을 법한, 어차피 과학적 근거 따위 없는 속설이라고 생각하는 사람도 적지 않을 것 같다. 하지만 기억에 관한 심리 실험을 보면 그 말에 어느 정도는 과학적 근거가 있는 것 같다.

즐거운 기분으로 만들어 주는 신문 기사와 분노를 부르는 신문 기사를 읽게 한 뒤, 일정한 표정을 지으면서 신문 기사를 떠올려보라는 실험이 있었다. 절반의 사람들은 웃는 얼굴로 신문 기사 내용을 떠올리려 했다. 나머지 절반의 사람들은 기분 나쁜 얼굴로 신문 기사 내용을 떠올리려 했다.

그 결과 웃는 얼굴로 떠올린 사람들이 즐거운 기분을 부르는 기사를 잘 기억하고 있는데 비해 기분 나쁜 표정으로 떠올린 사람들은 분노를 부르는 기사를 잘 기억했다. 기억할 때의 표정에 따라 끌어내지는 기억의 내용이 달라졌던 것이다.

이것은 떠올릴 때의 기분에 어울리는 기억이 끌어내지기 쉽다는 기분일치 효과에 따른 결과라고 말할 수 있다. 하지만 특히 흥미로운 것은 웃는 표정이나 기분 나쁜 표정 등 일부러 얼굴의 표정을 조작하는 것만으로 그 표정에 어울리는 기분이 환기된다는 점이다. 그것이 없다면 기분일치 효과에 따른 표정에 어울리는 기억이 떠오를 리가 없다.

이런 실험 결과를 보면, 언제나 웃는 얼굴로 있으면 행복해질 수 있다는 속설도 결코 무시할 수는 없다.

언제나 웃는 얼굴로 있음으로써 기분일치 효과에 의해 긍정적인 사건이 기억에 새겨지기 쉬워지고 또한 긍정적인 기억에서 끌어내기 쉬워진다. 긍정적인 기억이 축적되고 또한 상기되기 쉬워지므로 과거를 돌아볼 때마다 따뜻한 기분, 즐거운 기분에 젖어들 수 있으며 더더욱 웃는 얼굴이 될 수 있다.

표정에 의해 축적된 기억이 달라지고, 상기된 기억도 달라지는 것이다. 어두운 표정을 하고 있으면 부정적인 기억이 새겨지기 쉽고, 또한 부정적인 기억이 상기되기 쉬워진다.

언제나 웃는 얼굴로 있겠다고 마음먹음으로써 긍정적인 기분과 긍정적인 기억의 호순환이 작용할 것을 기대할 수 있다. 하루하루를 상쾌하게 보내려면 되도록 웃는 얼굴을 짓는 것이 효과적이다. 이것을 기억해 두기 바란다.

미래예상도는 자전적 기억을 바탕으로 그려진다

긍정적으로 살려면 미래에 희망을 품는 것도 중요하다. 이런 생활이 언제까지 계속될까, 이제 이런 생활은 싫다, 견딜 수 없다, 하지만 여기서 벗어날 수 있는 기미가 안 보인다. 미래에 대한 폐쇄감을 갖고 있으면 긍정적이 되기는 어렵다.

마찬가지로 지금의 생활이 납득할 수 없는 것일지라도, 언젠가 분명히 이런 생활에서 벗어날 수 있다, 그때까지 참고 견딘다면 밝은 미래를 열어 가는 희망을 품을 수 있다면, 그것을 믿고 긍정적으로 살 수 있다.

여기서도 열쇠를 쥔 것은 자전적 기억이다.

나는 예전에 회사에 다녔을 때 마케팅 부서에 속해 각 상품의 수요 예측을 하기도 했다. 수요 예측이란 상품이 앞으로 얼마나 팔릴지에 대한 예측이며, 당연하게도 미래에 속한 사건이다.

하지만 여기서 강조하고 싶은 것은 미래 예측은 과거의 데이터를 토대로 행하는 것이며, 과거와 단절되어 생각할 수 있는 것이 아니라는 점이다.

상품의 수요 예측은 지금까지의 매출 데이터 동향을 토대로 계산된다. 지금까지의 실적을 무시하고 마음대로 수요를 예측하지는 않는다. 과거의 데이터 없이는 미래의 수요 동향을 예측하기란 불가능하다.

그것과 마찬가지로, 우리는 과거의 사건이 채워져 있는 자전적 기억을 실마리로 자신의 미래를 예측하거나 다양한 가능성을 모색한다. 아직 실현되지 않은 자신의 미래를 상상할 때에 이용되는 것은 과거의 데이터이다. 그리고 자신에 관한 과거의 데이터란, 그야말로 자전적 기억 이외에는 없다.

나는 이런 것을 참 못한다. 그런 일은 나에게 맞지 않는다. 나는 이런 것은 의외로 잘한다. 이거라면 어떻게든 잘될 것 같다.

이렇게 하면 잘될지도 모르겠다. 나는 이런 타입의 사람은 대하기 힘들다. 이런 사람과는 잘 지낼 수 있을 것 같다. 이런 느낌의 직장이라면 잘해 나갈 수 있을지 모른다. 이 집단, 뭔가 녹아들 수 있을 것 같은 분위기다.

이런 생각들은 어디서 솟구치는 것일까. 앞으로 잘될지 어떨지, 자신이 할 수 있을지 어떨지, 그런 생각은 순간적으로 솟구치더라도 무의식중에 지금까지의 경험을 토대로 판단하고 있는 것이다.

고등학교 시절에 이런 과목을 잘했다. 클럽 활동은 엉망이었지만 정말 열심히 했었다. 젊었을 적부터 말주변이 없어서 처음 만나는 사람과는 힘들었다. 그때는 이러이러해서 실패했다. 그렇게 하지 않았더라면 좋았을 것을. 영업 업무를 하고 있을 때, 너무 신경을 써서 피곤했었다. 그 사람과는 이런 부분이 안 맞았다. 그 직장은 아무래도 적응이 안 됐다.

이런 과거의 자신에 얽힌 기억이나 그것을 둘러싼 평가나 생각을 토대로 하여 미래를 판단하는 것이다. 즉, 미래예상도는 자전적 기억을 토대로 그려진다.

밝은 미래로 이어지는 기억을 만든다

여기서 다시 한번 강조하고 싶은 것은 기억이란 과거를 기록하고 평가하고 의미를 부여하는 것을 토대로, 미래를 만드는 것이기도 하다는 것이다. 과거의 기억은 미래를 위한 기억이자, 미래를 만드는 기억이다.

업무에서 뼈아픈 실수를 해서 다시 해야만 할 때, '어떻게든 되겠지'라고 생각하고 끝까지 최선을 다하는 사람이 있는가 하면 '더 이상은 무리다' 하고 포기하고 내던지는 듯한 태도로 적당히 하는 사람도 있다.

'어떻게든 되겠지'라고 생각하고 끝까지 최선을 다하면 정말로 어떻게든 될 일이라도 '더 이상은 무리다' 하고 포기하고 내던지면 정말로 아무것도 되지 않게 된다. 즉, 어떻게 받아들이는가에 따라 미래가 달라진다.

그러면 가혹한 상황에 빠졌을 때 '어떻게든 되겠지' 하고 생각하는지, '더 이상은 무리다' 하고 생각하는지는 무엇으로 정해질까. 그것은 과거의 경험, 즉 자전적 기억이다. 가혹한 상황에서도 포기하지 않고 끝까지 최선을 다함으로써 뭔가 상황을 개선시켰다는 기억이 환기되면 '어떻게든 되겠지' 하고 생각할 수 있다. 하지만 가혹한 상황을 어떻게든 호전시키려고 노력했지만 아무것도 되지 않았던 기억이 환기되면 '더 이상은 무리다' 하고 생각해 버린다.

이처럼 과거의 성공 체험이나 실패 체험이 미래예상도를 만들고, 현재에 노력하는 힘을 부여하기도 하고 의욕을 꺾어 버리기도 한다.

거기서 중요한 것은 밝은 미래로 이어지는 긍정적인 기억을 만들어 주는 것이다. 미래의 밝은 전망을 그릴 수 있다면 지금 자신의 생활이 아무리 힘들어도 거기서 계속 노력하는 것에 의미나 의욕을 느낄 수 있다.

인간은 의미를 추구하는 존재다. 지금 생활에 의미를 느낀다면 아무리 힘들어도 참고 견딜 수 있다. 하지만 의미를 느끼지 못할 때는 조금이라도 힘들다고 느끼면 벗어나고 싶어진다. 스포츠 선수나 예술가가 피를 토할 듯한 훈련을 필사적으로 견디며 최선을 다할 수 있는 것도, 그것이 밝은 미래를 여는 일로 이어진다고 믿고 있기 때문이다. 즉 혹독한 훈련에 의미를 느낄 수 있기 때문이다.

그러므로 미래에 밝은 전망을 그릴 수 있도록 기억을 만들어 가는 것이 중요해진다. 이른바 긍정적인 자기 이야기를 만드는 것이다.

그렇게 말해도, 자신은 열심히 해도 어떤 일도 잘 풀렸으며 미래에 밝은 전망을 그릴 수 있는 기억이라곤 없다, 그러므로 언제나 곤란한 상황에 부딪치면 포기해 버린다, 그것은 더 이상 아무것도 안 된다, 등의 말을 하고 싶어지는 사람도 있을 것이다.

실제로 자전적 기억을 더듬어 가면 실패 체험만 떠오르고 성공 체험은 전혀 떠오르지 않는 사람도 있는 법이다. 하지만 그것은 자전적 기억의 정리 방법이 잘못된 것이다. 잘만 정리하면 실패라고 생각했던 사건에도 긍정적인 의미를 부여할 수 있다. 그것에 의해 자전적 기억을 긍정적인 것으로 만들 수 있다.

우리는 사실의 세계를 살고 있는 것이 아니라 의미의 세계를 살고 있다는 점을 다시 한번 상기하자. 우리는 개개의 사건을 나열한 연표와 같은 세계를 살고 있는 것이 아니라 개개 사건의 의미를 연관 지은 이야기의 세계를 살고 있는 것이다.

과거에 일어난 사건 그것 자체를 바꿀 수 없다는 것은 분명하다. 하지만 그것에 대한 의미부여를 잘 제어함으로써 과거를 긍정적인 의미를 갖는 것으로, 긍정적으로 살아갈 힘이 솟구치게끔 하는 것으로 정리할 수 있다.

예를 들면 학창 시절 클럽 활동에서 아무리 열심히 했어도 결국 마지막까지 무대에는 서 보지 못했다는 사실에서 나는 열심히 해도 안 된다는 느낌의 실패 체험의 자기 이야기를 품고 있는 사람은 포기하는 버릇이 몸에 배어 버린다. 곤란한 상황에 부딪치면 그런 기억이 활성화되어 '이젠 안 돼'라고 생각해 버린다.

반면에, 결국 무대에 서 보지는 못했지만 포기하거나 체념하지 않고 언제나 열심히 연습했고, 마지막까지 열심히 했다는 느낌의 자기 이야기를 품고 있는 사람은 곤란한 상황에 부딪쳤을 때 그런 기억이 활성화되어 '포기하지 않고 열심히 해 보자'라는 의욕을 가지고 곤란한 상황과 맞설 수 있다.

똑같은 사실을 토대로 해도 분위기가 전혀 다른 자기 이야기로 구성할 수 있다. 그러므로 중요한 것은 실패 체험에도 긍정적인 의미부여가 가능하도록 해 보는 것이다. 그것을 의식하여 자전적 기억을 긍정적으로 정리해 보자.

제5장

내 운을 바꾸는

기억 전환법

그리운 기억을 주워 모으자

기억과 기분의 상호작용을 전제로 하면 기분 좋고 쾌적한 매일을 보내려면 좋은 기분으로 만들어 주는 기억, 마음의 에너지가 솟구치는 기억과의 만남을 명심하는 것이 중요하다고 할 수 있다.

그런 기억과의 만남을 많게 하려면 때때로 생각하는 시간을 가져야 한다. 기분이 좋을 때 과거를 돌아본다. 그러면 포근한 기분에 감싸인 기억이 떠오른다. 그것을 돌아봄으로써 마음의 에너지가 솟구치는 기억에 대한 접근이 좋아진다.

좋은 기분이 되게 해 주는 것은 뭐라 해도 그리운 기억일 것이다. '아, 정말 그립다' 하는 기분이 되게 해 주는 기억을 불러내면 긍정적인 기분이 되며, 마음의 에너지 수준이 높아진다. 싫은 일이 있어서 기분이 가라앉아 있을 때도 그리운 추억에 젖으면 마음의 에너지가 보충된다.

그런 의미에서도 평소에 그리운 기억을 잘 끌어내는 습관을 익혀서 그리운 기억에 액세스를 잘할 수 있게 해 두는 것이 바람직하다.

거기서 당신의 과거를 돌아보기 바란다. 당신에게 그리운 기억은 무엇인가. 당신은 자신의 기억 속에 좋은 추억이 많이 채워져 있어서 그리움으로 과거를 돌아보는 일이 많은 타입인가. 그렇지 않으면 별로 좋은 기억이 떠오르지 않아 과거를 돌아보는 일이 거의 없는 타입인가.

전자라면 그리운 기억은 얼마든지 들 수 있으므로, 딱히 애써서 자전적 기억의 의미부여를 새롭게 하지 않아도 될 것이다. 단, 어떤 때라도 긍정적인 기분이 될 수 있도록 그리운 기억을 가능한 많이 되새기고, 액세스를 좋게 하겠다고 마음먹기 바란다.

후자의 경우는 과거를 돌아본다는 것에 저항감이 있을지 모른다. 과거를 돌아보면 싫은 일만 떠오른다. 그러므로 기억을 더듬는 것은 하고 싶지 않다, 이런 경향이 있다.

하지만 그렇게 과거에 뚜껑을 덮은 채로 두면 아무리 시간이 지나도 긍정적인 인생은 손에 넣을 수 없다. 자신의 인생은 자전적 기억에 집약되어 있다. 그러므로 긍정적인 인생을 손에 넣기 위해서는 자전적 기억을 긍정적으로 정리해 둘 필요가 있다. 그러기 위해서는 싫은 사건의 기억을 그대로 두는 것이 아니라, 의미부여하는 요령을 아는 것이 중요해진다. 의미부여에 대해서는 앞 장에서 이미 해설했지만 다음 장에서 보다 구체적으로 설명할 것이다.

또 한 가지, 여러분이 생각해 주기를 바라는 것은 그리운 기억의 환기다.

싫은 일밖에 없는 인생이란 생각하기 힘들다. 아무리 힘든 상황에 몰리는 일이 많고, 싫은 일을 많이 당하는 인생이라도 즐거웠던 일, 기뻤던 일이 하나도 없었다는 건 있을 수 없다. 열심히 기억을 파헤쳐 보면 긍정적인 사건도 분명히 발견된다.

내가 자기 이야기 상담을 한 사람들 중에는 자신은 불우한 인생을 보내왔으며, 정말로 운이 나쁘고 일도 사생활도 싫은 일만 있었다. 그러므로 좋은 추억 따위는 하나도 없다는 사람이 있었다. 하지만 다시금 인생의 각 시기에 대해서 기억을 순차적으로 더듬어 보았더니 오랫동안 잊고 있던 기억이 차례차례 발굴되었다.

그중에는 물론 싫은 사건도 있고, 좋지도 나쁘지도 않은 담담하게 기억하는 사건도 있었지만, 좋은 사건의 기억도 많이 있었다. 가족과 해수욕을 갔을 때의 그리운 광경. 얼굴은 기억나지 않지만 유아기 때 아주 친했던 친구가 있었던 일. 술에 취한 아버지가 선물로 초밥을 사 들고 돌아와 한밤중에 자다가 일어나서 먹었던 일. 친구와 공사 현장을 은신처 삼아 놀았을 때의 두근두근하던 기분. 괴수 영화를 보러 갔을 때 부모님이 건전지로 작동하는 괴수 프라모델을 사주셔서 그것을 갖고 신나게 놀았던 일. 언제나 야단만 맞았는데 어쩌다가 선생님께 칭찬을 받았을 때의 기쁨. 집에 전축이 생겨서 처음으로 용돈으로 레코드판을 샀을 때의 일. 나를 싫어하던 선생님이 있어서 누명을 쓰고 야단을 맞았는데 친구가 옹호해 주었던 일. 학교나 세상에 적응하지 못하는 느낌으로 힘들었는데 보건실 선생님이 좋은 이야기 상대가 되어 주었던 것. 취직 시험 합격 통지를 받고 정말 기뻤을 때의 일. 혼자 살기 시작했을 때의 상쾌한 해방감. 본인도 놀랄 정도로 좋은 기억이 고구마 줄기처럼 줄줄이 끌어내져서 그리운 추억에 젖을 수 있었다.

긍정적인 기분으로 매일 쾌적하게 살 수 있도록 그리운 기억의 환기에 도전해 보면 어떨까. 그리고 일기를 쓰듯이 그리운 사건과 그것에 얽힌 기억을 기록해 보면 좋을 것이다.

기억을 되살리기 위한 실마리는?

우리 마음속에는 다양한 기억이 새겨져 있다. 지금 당장 떠올릴 수 있는 것은 극히 일부이며, 그것보다 훨씬 많은 사건이 잠든 상태로 축적되어 있다. 그런 기억 하나하나의 소재는 연상의 네트워크로 연결되어 있다.

예를 들면 동물원 앞에서 유치원생 무리를 만나면, 갑자기 유치원 때 소풍이 생각난다. 그때 어머니가 만들어 주신 샌드위치의 맛까지 생각하기도 한다. 심지어 유치원생일 때 부모님과 동물원에 갔던 일을 떠올린다. 커다란 코끼리가 긴 코를 휘두르는 것을 보았을 때의 감동이 되살아나기도 한다.

텔레비전에서 해수욕장 개장 뉴스를 보면 어릴 적에 가족과 함께 갔던 해수욕의 기억이 되살아난다. 바다에서 수영을 하다가 해파리에 쏘여서 부은 곳에 약을 발라 주셨던 일이나, 아직 헤엄치지 못해서 아버지가 자신을 등에 태우고 헤엄쳐 주셨던 것, 해변의 모래가 데일 듯이 뜨거워서 팔짝팔짝 뛰면서 비치파라솔 주변을 뛰어다녔던 일이 기억나서 그리움이 몰려든다.

거기에서 더욱 연상이 작동하여 다른 시기에 갔던 등산의 기억이 되살아난다. 도중에 화장실에도 들를 겸 휴식하게 되었는데 어쩌다 보니 일행과 떨어져서 미아가 되었던 일, 당황하여 부모님을 찾아다녔던 일도 그리움에 차서 떠오른다. 산을 연상하는 데에서 더 나아가 산속의 호수를 연상하고 자신이 부모가 된 뒤에 아이들과 함께 호수에 갔을 때의 기억이 되살아나고, 수영복으로 갈아입고 수영하려 했는데 물이 너무 차가워서 아이들과 부들부들 떨면서 수영했던 것을 떠올리기도 한다.

이처럼 사소한 일을 계기로 그때까지 잠들어 있던 기억이 갑자기 활성화되어 그리운 기분에 잠기게 한다.

장소, 물건, 사람, 사건······ 당신은 무엇을 떠올리는가?

이런 연상을 활성화하기 위해 나는 4개의 힌트를 사용한다. 그것은 장소, 물건, 사람, 사건이다.

언제나 옛날을 돌아보고 그리움을 즐기고 있는 사람은 괜찮지만 갑자기 유아기의 기억이나 아동기의 기억, 또는 청년기의 기억을 발굴해 가는 것이 어렵다는 사람도 있다. 그런 사람이라도 그리운 장소, 그리운 물건, 그리운 사람, 그리고 그리운 사건을 구체적으로 들어보라고 하면 거기에서 다양한 연상이 작동하기 시작한다.

그리운 장소로서 중학교 교실을 든 사람이 있다. 책상이나 의자, 칠판, 교탁, 복도와의 사이에 있던 작은 유리창……. 당시 교실의 풍경과 더불어 사이가 좋았던 친구들을 떠올리고 함께 경험했던 여러 가지 에피소드를 차례차례 떠올렸다. 수업 중의 풍경도 떠올리고 좋아했던 수업이나 좋아했던 선생님을 떠올렸다. 마침내 당시 고민하던 친구 관계나 진로 문제까지 연상이 미쳤다. 그것은 아마도 몇십 년 만에 떠올린 것이리라. 그 사람은 '내 안에 이런 기억이 잠들어 있었다니' 하고 감개무량했다.

그리운 물건으로, 초등학생일 때 사용하던 야구 글러브를 든 사람이 있다. 당시 학교에서 돌아오면 매일같이 글러브를 가지고 벽을 향해 공을 던지며 놀았으며 일요일에는 친구들과 만든 동네야구팀으로 연습을 했으므로 야구 글러브에는 이런저런 기억이 채워져 있다고 한다. 당시 야구팀 친구들이나 연습 풍경, 시합 등을 떠올림과 동시에 생각대로 배팅이 되지 않아 약이 올랐던 것도 기억해 냈다. 심지어 그 글러브는 아버지에 대한 식어버린 감정을 중화하는 것이 되었는지, '아버지에 얽힌 그리운 추억이 있다는 것을 알고는 아버지에 대한 이미지가 약간 달라졌다'고 후련한 표정으로 말했다.

그리운 사람으로, 고등학교 시절 클럽 활동 선배를 꼽은 사람이 있다. 그 선배에게 많은 것들을 상담했던 것을 떠올리면서 당시 고민하던 인간관계 문제나 가정 형편 등을 떠올렸다. 그것들을 오랫동안 생각하지 않았기 때문에 자기가 그런 문제로 고민했었음을 떠올렸다는 자체가 그야말로 자신의 재발견이었다고 한다. 거기에서 더욱 연상이 작동하여 고등학교 시절뿐만 아니라 어린 시절부터 청년기까지 가족과의 다양한 사건을 떠올렸다. 그럼으로써, 지금의 내가 만들어지기까지 가족과의 관계가 대단히 큰 영향을 주고 있음을 새삼스럽게 깨닫고 아이를 키우는 부모의 역할을 자각하는 계기가 되었다고 말했다.

그리운 사건으로서, 처음으로 혼자 여행을 떠난 일을 든 사람이 있었다. 기억을 돌아보면서 그 여행의 여정을 더듬어 가는 동안에 여행지에서 다양한 만남을 떠올렸다. 그곳 특유의 마음이 따뜻해지는 만남이나 그 후에 또 만나기로 해서 모였던 사람들도 떠올렸다. 뭔가 그리운 기억은 있지만 천천히 돌아보지 않았기 때문에 지금까지 구체적으로 떠올린 적이 없어 몇십 년 만에 당시의 사건을 추체험追體驗(다른 사람의 체험을 자기의 체험처럼 느끼거나 이전 체험을 다시 체험하는 것처럼 느끼는 것-옮긴이)할 수 있었다고 한다.

그리운 장소, 물건, 사람, 사건. 당신은 무엇을 들 수 있는가? 무엇이든 좋으니 떠올리기 쉬운 테마를 골라서 무엇이 떠오르는지 시험해 보자. 뭔가 떠오르면 거기에서 연상을 작동시켜 기억의 네트워크를 더듬어 보자. 그리운 기억을 많이 발굴할 수 있을지 모른다.

망각이론의 검색실패설

1장에서 나 자신이 어린 시절에 살았던 곳을 방문했을 때의 일을 이야기했는데, 당시 매일같이 놀았던 공원이나 통학로였던 언덕길에서는 마치 그 장소에 보존되어 있었던 것처럼 몇십 년이나 떠올려 본 적이 없는 기억이 차례차례 되살아났었다.

망각이론에는 검색실패설이라는 것이 있다. 나도 자주 경험하는 일인데, 이것이 이 책에 씌어 있었던 것은 확실한데, 몇 번씩 넘겨봐도 해당 페이지를 찾을 수 없을 때가 있다. 늘 들춰 보는 책이라면 대충 짐작이 가지만, 오랫동안 넘겨보지 않았던 책인 경우에는 전혀 짐작이 안 된다. 전문서라면 책 말미에 찾아보기가 붙어 있으므로 쉽게 찾을 수 있지만, 일반서는 찾아보기가 없으므로 해당되는 페이지를 찾느라 고생하곤 한다.

검색실패설에서는 생각나지 않는 사건은 결코 기억에서 소실되어 버린 것이 아니라 오랫동안 떠오르지 않고 반추한 적도 없으므로 잘 검색되지 않는 것으로 간주한다. 즉, 기억에서 사라져 버린 것이 아니라 그 기억에 닿지 못하는 것이다.

그런 기억도 어떤 계기로 검색되는 일이 있다. 그런 계기 가운데 최고는 고향이다. 어린 시절을 보낸 땅을 찾아가면 그리운 추억에 감싸이는 동시에 다양한 기억이 되살아난다. 그러므로 마음속에 잠들어 있는 그리운 기억을 되살리려면 고향을 찾아가 보는 방법은 유효하다.

고향이라는 단어에 어른거리는 그리움은 지친 마음을 부드럽게 감싸주고 위로해 준다. 왜 고향은 그리운 것일까. 그것은 고향에는 요즘 되돌아보는 일이 없어서 검색을 잃어버린, 기억하고 싶지 않은 자전적 기억을 일깨우는 힘이 있기 때문이다.

싫은 일이 많은 인생이었다. 좋은 기억 따위는 없다. 돌아봐도 기억나는 것은 분명히 싫은 일뿐이라 절대로 돌아보지 않고 있다. 그렇게 말하던 사람도, 나와 자기 이야기 상담에서 어린 시절이나 청년 시절을 돌아봄으로써 그리운 기억을 차례로 발굴할 수 있었다.

여기서 강조하고 싶은 것은 사건 자체에는 절대적인 평가가 붙어 있지 않다는 점이다. 그것을 경험한 시점에서는 기분을 처지게 하는 꺼림칙한 사건이라고 느끼더라도 그 후 다양한 인생관을 쌓은 사람에게 있어서는 인간의 익살을 나타내는 그리운 사건으로 기억하기도 한다. 어린 시절에는 너무나 싫어서 참을 수 없었던 완고한 부모님의 태도도 막상 부모가 되어 보면 아이를 강하게 키우려는 애정에 토대한 것이었다고 생각하게 되기도 한다.

개개 사건의 평가는 생각해 내는 시점에 주관적으로 의미를 부여함으로써 정해진다. 어릴 때의 싫었던 사건도 지금 돌아보면 의외로 웃음이 터지는 사건이었기도 하다. 젊었을 때는 부정적으로밖에 받아들일 수 없었던 힘든 시기도, 몇십 년이 지난 뒤에 파헤쳐 보면 자신이 단련될 수 있었던 시련의 시기로서, 긍정적으로 받아들이는 방법이 생기기도 한다.

과거의 사건이 갖는 의미는 결코 고정된 것이 아니다. 다시 바라볼 여유는 충분하다. 미숙했을 때의 자신과는 또 다른 방식으로 받아들일 수 있다. 그러므로 자신의 과거는 좋지 않았다, 분명히 싫은 기억이 많을 것이다, 하고 생각하는 사람도 과거를 돌아보는 것을 꺼릴 필요는 없다.

긍정적인 기억이 끌어내지면 그리움이 밀려들고 마음의 에너지가 솟구친다. 기분이 긍정적으로 될 수 있다.

부정적인 기억이 끌어내지면, 기분이 처지고 마음의 에너지 수준이 떨어지지만 그런 경우에는 의미를 부여하는 방법을 재검토하면 된다. 그 방법에 대해서는 다음 장에서 설명하기로 하자.

그러므로 두려워하지 말고 기억의 보물창고라고도 할 수 있는 고향을 찾아가 보자.

우리 마음속에 축적된 그리운 기억

당신에게 그리운 장소는 어디인가.

청춘을 보낸 대학 앞에 서면 그리움과 함께 당시 기억이 차례로 떠오른다. 그 무렵 친구와 자주 찾았던 식당이나 카페를 떠올린다. 가게가 그대로 있다면 친구와 떠들면서 밥을 먹거나 커피를 마셨던 기억이 그립게 떠오른다.

처음으로 취직한 회사, 또는 그 회사가 있던 장소에 가면 설레는 마음으로 일을 했던 자신을 떠올리고, 그 무렵 같은 직장에 있었던 선배나 동료의 얼굴이나 이름이 떠오를 뿐만 아니라, 각 사람들의 특징적인 말투를 떠올리기도 한다.

젊었을 때 친구와 하릴없이 돌아다니거나 술 한잔 걸치며 이야기를 나누었던 번화가. 직장 동료들과 하이킹 갔던 교외의 산. 사원 여행에서 갔던 관광지. 연인과의 데이트로 갔던 동물원이나 유원지. 혼자 여행을 갔던 지방. 친한 친구와 여행했던 지방. 잠들어 있는 자전적 기억을 발굴하는 계기를 부여해 줄 수 있는 기억이 서린 장소는 분명 수없이 많다.

그리운 장소에 가면 몇십 년이나 잠들어 있던 기억이 발굴되는 법인데, 그것은 의식으로 올라오지 않았을 때에도 기억이라는 것이 우리 마음속에 확실히 보존되어 있다는 증거라고 말할 수 있다. 무의식 속에 잠들어 있는 기억이 그리운 장소에서 촉발되어 의식으로 떠오른다. 우리의 마음속에는 퍼내도 퍼내도 다 퍼낼 수 없을 정도로 그리운 기억이 축적되어 있는 것이다.

그리운 장소를 떠올리기만 해도 거기에 얽힌 그리운 기억이 차례로 되살아난다. 나는 이사를 많이 다녔기 때문에 홋카이도에서 간사이까지, 그리운 지방이 여러 곳 있다. 거기를 찾아갈 때마다 당시 기억이 되살아나서 그리운 마음에 젖어들곤 한다.

그리운 마음에 젖어들면 긍정적인 기분이 될 수 있다. 그러므로 중요한 것은 그리운 기억의 발굴을 위해 그리운 장소에 가 보는 것이다.

거기에 더해, 지금부터 그리운 장소를 만들어 보기를 권한다. 지금 그리운 것은 과거의 기억이지만, 미래의 내가 그리운 마음이 될 수 있을 기억을 만들어 가는 것이다. 그러기 위해서는 친숙한 장소를 만드는 것이 쉽고 빠를 것이다.

여름휴가 때는 자주 여기서 지내기로 하고 있다. 해마다 그곳의 온천에 가기로 하고 있다. 가족여행은 대개 여기에 오기로 되어 있다. 산책하다가 자주 이 카페에서 쉬면서 책을 읽기로 하고 있다. 휴일에는 미술관에 가거나, 스포츠 경기를 보러 간다. 그런 장소를 가짐으로써, 그리운 기억이 여기저기에 흩뿌려진 장소를 만들어 낼 수 있다.

추억의 사진

나는 이사를 아주 여러 번 했는데 짐을 꾸리거나 정리를 할 때마다 문득 앨범을 발견하면 잠시 작업이 중단된다. 펼쳐 보고 싶어서 앨범을 펴 보면 당시 사건이 주마등처럼 머릿속을 스쳐 간다.

물론 뚜렷하지 않은 기억이 많다. 함께 있던 친구 얼굴을 떠올리고 그 장소도 떠올리며 그곳의 분위기도 떠올리지만, 이야기한 내용은 뚜렷이 기억나지 않곤 한다. 또는, 어떤 친구들 말은 뚜렷하게 기억하고 그때 내 마음속에 생긴 느낌도 기억하는데, 어디서 그런 일이 있었는지는 기억하지 못하기도 한다. 자세한 사건을 기억하지 못해도 아주 따뜻한 기분에 감싸인다.

추억의 사진에는, 기분을 긍정적으로 정리해 주는 불가사의한 힘이 있다. 그리운 기억을 환기하는 것이다. 반대로 말하면,

그리운 기억을 주워 모으는 데에는 앨범을 들춰 보는 것 등, 그리운 사진을 바라보는 것이 유효하다고 말할 수 있다.

사건에 관한 기억과 마찬가지로 사진도, 반드시 긍정적인 기억만 환기시키지는 않는다. 자신에게 있어서 싫은 시기였다고 느끼는 시절의 사진을 보면, 싫은 기분이 될지도 모른다. 그렇다고 해서 그 시기의 기억에 뚜껑을 덮고 있어도 된다고는 말할 수 없다.

개개의 사건에 평가가 붙어 있지 않다는 것은 앞에서 말했지만, 예를 들어 어떤 사진에 찍혀 있는 장면이나 인물에 대한 부정적인 생각은 당시에 자신이 주관적으로 느낀 것에 지나지 않는다.

당시의 사건이나 인간관계, 자신이 처한 상황을 인생 경험이 풍부한 현재 자신의 시점에서 정리하고 재평가함으로써 예전에는 부정적으로 파악했던 사건도 긍정적으로 파악할 수 있게 될지 모른다. 또는 긍정적이라고까지는 말할 수 없지만 '그때는 나도 어려서 엄청 충격을 받았고 용서할 수 없다고 생각했지만 큰 문제는 아니었네' 하는 식으로, 부정적인 기억을 중화시킬 수 있을 수도 있다.

과거에 일어난 사건의 소재 자체는 바꿀 수 없지만 그것에 의미를 바꿔서 부여하는 것은 얼마든지 가능하다.

중학교 때 왕따를 당했던 시기가 있어서 그 무렵의 일은 모두 잊었다는 사람이 있었다. 꺼림칙한 과거에 뚜껑을 덮고 싶은 기분도 알겠다. 하지만 그런 비참한 과거와 마주하고 뛰어넘는 사람도 있다. 거기에 구제의 힌트가 있다. 비참한 과거를 뛰어넘은 사람은 싫은 사건에서도 긍정적인 의미를 만들어 낸다.

'그런 일이 있었기 때문에 약자를 돕는 일을 하고 싶다고 생각하게 되어 지금의 내가 있다.'

'그 힘든 날들을 경험했기 때문에 사람의 다정함에 민감해질 수 있었고, 사람의 기분을 대하는 공감성도 높아졌다고 생각한다.'

'그 일 때문에 사람을 믿지 못하게 되었지만, 그만큼 다른 사람에게 의존하지 않는 강한 내가 되었다고 생각한다. 지금의 나에게 과제는 다른 사람을 믿을 수 있게 되는 것이다.'

비참한 과거를 질질 끌지 않고 긍정적으로 살고 있는 사람들은 이런 싫은 시기나 싫은 사건에도 그 후의 자신으로 이어지는 긍정적인 의미부여를 하고 있다.

이처럼 의미부여의 중요성을 염두에 두면 자전적 기억이 되살아나는 것을 두려워할 필요는 없다. 자전적 기억의 활성화를 위해 꼭 한번 앨범을 펼쳐 보기 바란다.

앨범을 펼쳐서 사진을 들여다보면 찍혀 있는 장면뿐 아니라 거기에 찍혀 있는 인물들에 관한 다양한 에피소드나 그 무렵의 자신을 둘러싼 다양한 에피소드의 기억이 어렴풋이나마 되살아 난다.

앨범에는 잠들어 있는 그리운 기억을 깨우는 힘이 있다. 그러므로 그리운 기억을 발굴해 가려면 기분 좋을 때 앨범을 팔락팔락 넘기면서 추억에 잠겨 보면 좋을 것이다.

거기에 더해, 미래의 자신에게 있어서의 그리운 기억을 보존해 두기 위해서라도 즐거울 때, 감동했을 때 등의 풍경을 사진으로 간직하여 앨범에 붙이거나 전자 데이터를 정리해 두면 좋을 것이다.

추억의 물건

피난을 간 사람들에게 앨범을 잃어버리는 것은 대단히 큰 마음의 상처가 된다는 것은 앞에서 지적했는데, 앨범 이외에도 추억의 물건은 여러 가지가 있다. 그것들에는 자전적 기억을 환기하는 힘이 있다.

나의 책꽂이의 책 앞에는 여러 가지 잡동사니가 널려 있다. 타인에게는 아무 가치도 없는 잡동사니에 지나지 않겠지만 여러 번 이사를 하면서도 버릴 수 없었다. 잡동사니 하나하나에 각각의 시기의 나의 인생의 한 장면이 붙어 있는 느낌이 들기 때문이다.

그 증거로, 어떤 잡동사니를 바라보면 학창 시절에 혼자서 여행을 하고 있을 때 토산품 가게에서 사서 여행 도중에 목에 걸고 있었던 것을 기억한다. 그러면 그 여행 도중에 알게 되어 어울리고 잠시 행동을 함께했던, 다른 나 홀로 여행족의 얼굴이나 목소리의 기억이 되살아난다. 다른 잡동사니를 보고 있으면 학창 시절에 음악 카페가 유행했던 것을 기억하고, 거기서 어울려 떠들던 친구들과 나의 모습이 떠오른다. 또 다른 잡동사니에 눈길을 주면 초등학교 소풍 때 해변에 갔을 때 사 온 것임을 알 수 있다. 그 소풍의 세세한 부분은 전혀 기억나지 않지만, 차멀미를 잘하는 체질이었던 나는 소풍 전날에는 설레는 마음이었지만 소풍날 아침에는 불안해서 마음이 어두워졌고, 돌아올 때는 어쩐 일인지 멀미를 하지 않아 신나게 놀았던 것을 기억한다.

추억의 물건 중에서도 유품이 되면 그리운 사람에 얽힌 기억을 환기하는 위력을 발휘한다. 유품은 자전적 기억 속에 숨 쉬고 있는 인물에 얽힌 기억을 활성화하는 위력을 갖고 있다.

일기를 읽어 보자

　사람이 일기를 쓰는 동기는 여러 가지일 것이다.

　인생의 기로에 서서 고민할 때, 자신의 생각을 정리하기 위해 하루하루의 기억을 적기도 한다. 다른 사람에게는 말할 수 없는 생각을 은밀히 적거나 다른 사람과 직접 부딪힐 수 없는 격한 감정을 일기에 토로하기도 한다. 지금부터 자신의 생활을 바꿔 보자고 할 때, 안일한 방향으로 자신이 흘러가지 않도록 자신을 다잡을 때, 그런 다짐을 일기에 쓰는 일도 있을 것이다.

　자의식이 높고 자신의 사는 방식에 대해 생각하지 않을 수 없는 사춘기에서 청년기에 일기를 쓴 경험이 있는 사람은 적지 않을 것이다. 하지만 그 후에도 일기를 계속 쓸 수 있는 것은 대단히 소수의 사람들이다. 일상의 번잡함에 쫓겨 어느새 멀어지고 만다.

　그런데 위에서 말한 것과 같은 동기는 주관, 즉 자기 속의 생각을 소중히 하고 자기 내면의 움직임에 관심이 강한 타입이 품는 것인데, 담담히 사실만을 쓰는 일기도 있다. 그런 일기는 비망록과 같은 의미를 가지는데 '무엇이 있었다' '어디에 갔다' '누구와 만났다' 등의 기술만으로도 그것을 계기로 자전적 기억이 활성화되는 법이다.

하물며 사건에 얽힌 생각이나 하루하루의 감정이 담긴 일기를 읽어 보면 당시의 자신과의 만남이라고 해도 좋을 정도로 주관적 내면까지 포함하여 자전적 기억이 활성화된다.

매일의 사건이나 그것에 얽힌 생각을 묶은 일기는 그야말로 자전적 기억의 소재의 보물창고라고 해도 좋다. 젊은 시절의 일기를 읽는 것은 참으로 부끄러운 일이지만, 거기에는 예전의 자신이 살아 숨 쉬고 있다. 그것을 읽으면 당시의 자신의 상황이 기억나고, 분명 그리운 기억이 차례로 끌어내질 것이다.

타인이 볼 걱정도 없는 자신의 머릿속의 기억과 달리, 일기는 타인에게 읽힐 우려가 있다. 예를 들어 생전에 누군가에게 훔쳐 읽힐 우려가 없는 경우에도 자신의 사후에 누군가의 눈에 띌 가능성이 있다. 그러므로 아무리 정직하게 쓸 생각으로 쓴 일기라도 거기에는 타인을 향한 태도가 무의식중에 들어가 있게 된다.

그러나 생각해 보면 우리의 자의식 자체가 다른 사람을 의식하고 있기 때문에 존재하는 것이라고 볼 수 있다. 그러므로 타인을 향한 자세도 포함해 당시의 자신을 드러내고 있는 것이자, 일기는 과거의 자신과 만나는 것을 가능하게 해 주는 기억의 저금통이라고 해도 될 것이다.

일기는 깜박하고 있던 자신과의 만남을 가져다준다. 일기는 자전적 기억의 잃어버린 부분의 복원에 절대적인 위력을 발휘해 준다.

예전에 일기를 쓴 적이 있는 사람은 반드시 일기를 찾아보자. 자신의 일기를 읽는 것은 무서울 정도로 부끄러움을 동반하는 일이지만 풍성한 자전적 기억을 갖기 위해, 부끄러움을 무릅쓰고 읽어 보는 것이 좋을 것이다.

내가 이런 것을 생각하고 있었나. 나도 신중하게 이런저런 생각을 했구나. 나도 꽤 섬세한 감수성을 갖고 있었구나. 그러고 보니 그런 일이 있었구나. 그 무렵에는 이런 것을 고민하고 있었구나. 그런 식으로, 분명히 잊고 있던 자신을 재발굴할 수 있다.

지금 시점에서 파헤쳐 보면 예전에는 심각하게 고민했던 것도 여유롭게 되돌아볼 수 있게 된다. 시간이 해결해 준다는 일들이 있는데, 인생 경험을 쌓은 눈으로 보면 당시에는 다시 일어설 수 없을 정도로 낙담했던 사건도 지금의 자신을 키워 준 시련으로써 긍정적인 의미부여를 할 수 있기도 하다.

자전적 기억 속에 잠들어 있는 부정적인 의미를 갖는 사건을 재검토하고 긍정적인 의미부여를 해 가기 위해서도 일기는 아주 쓸모가 있다.

옛날에 읽은 책

자신이 쓴 일기와 달리 당시 읽었던 책이란 타인이 쓴 것이지만 어떤 계기로 그 책을 읽었는지, 읽으면서 어떤 느낌을 받았고 무엇을 생각했는지 등, 그 무렵의 자신의 내면을 아는 힌트를 제공해 준다.

책꽂이에는 '그러고 보니, 이 책은 재미있었지' 하고 그리운 느낌이 드는 책이 있는가 하면 '어, 이런 책을 읽었었나? 왜 이런 걸 읽었을까' 하고 이상하게 생각되는 책도 있다. 현재의 나라면 읽지 않을 듯한 책을 옛날의 내가 읽었다는 일은 결코 드물지 않다. 같은 인간이라도 다양한 경험을 거듭함으로써 가치관도 변하고 성격도 변한다. 상황이 변하면 고민거리도 변하고 추구하는 것도 변한다.

예전에 읽었던 책에는 당시의 자신이 처한 상황이나 내면을 아는 실마리가 흩어져 있다. 거기에는 그리운 자신의 생활 그림자가 보인다. 그러므로 예전의 읽었던 책을 다시 읽어 봄으로써 그리운 자전적 기억이 풍부해질 수 있다.

나 자신, 훨씬 전에 읽은 적이 있는 책을 읽으면 당시에 내가 처했던 상황을 떠올리며 그리움에 젖어 든다. 나는 책을 읽으면서 밑줄을 긋는 습관이 있다. 공감하는 곳, 중요하다고 생각하는 곳, 참고가 될 만한 곳에 밑줄을 긋는다. 그것이 또한 당시의 나를 떠올리게 하는 실마리가 된다.

읽으면서 왜 이런 곳에 밑줄을 그었을까 이상하게 생각하는 일이 종종 있다. 밑줄을 그은 것은 나 자신인데, 왜 밑줄을 그었는지 모른다.

그것은 전에 읽었을 때와 지금 읽고 있는 때가, 생각하는 것이나 추구하는 것이 다르기 때문이다. 자신이 지금 처한 상황이나 요즘 느끼는 것, 생각하고 있는 것이 다르면 공감하는 곳은 당연히 달라질 것이다. 예를 들어 예전에는 생의 지침을 찾고 있었는데 지금은 작가의 배경에 관심이 있다면, 중요하다고 생각하는 곳이 분명 달라진다.

여기서 말할 수 있는 것은 같은 책이라도 읽는 시점에 따라 느끼는 것이 완전히 달라진다는 점이다. 바꿔 말하면, 시점이 바뀌면 같은 책에 대해서도 새로운 발견이 있으므로 책이 갖는 의미도 달라진다.

이것은 인생에 대입해 봐도 같은 말을 할 수 있다. 같은 나의 인생이라도 20살 무렵에 받아들인 방식과 40살이 된 지금 받아들이는 방식은 커다란 차이가 있는 것이 당연하다. 그 사이에 다양한 인생 경험이 인생관이나 인간관을 뒤흔들고, 나의 인생에 대한 관점을 바뀌게 했을 것이다. 그럼으로써 자전적 기억을 평가하는 시점이 틀림없이 달라진다. 예를 들면 20살 무렵에는 생각하기도 싫었던 경험도 40살이 되어 돌아볼 때는 웃어넘길 수 있는 힘든 경험이었다는 느낌이 되어 있을 수도 있으며, 그 일이 있었기 때문에 지금의 인생이 있다는 식의 긍정적인 의미를 갖는 것이 되어 있을 수도 있다.

이것에 대해서는 6장에서 이야기하기로 하자.

옛날에 들은 음악

마들렌을 홍차에 적셔서 입에 넣은 순간, 어찌 된 영문인지 멋진 쾌감이 관통하며 몸이 부르르 떨렸다. 막연한 포근함의 정체를 알아내려 정신력을 집중하고 있노라니, 갑자기 어린 시절에 숙모가 자주 홍차나 보리수차에 적셔서 주시던 마들렌이 떠올랐다. 그러자 숙모의 방이 있던 오래된 집과 정원의 풍경이 떠오르고, 그것을 계기로 오랫동안 잊고 있던 당시 지냈던 마을의 사람들, 정원의 꽃들, 강의 수련, 작은 집들, 교회, 근교의 풍경 등이 뚜렷한 형태를 갖추며, 그 한 잔의 홍차에서 마을이 되고 정원이 되어 나타났다.

이것은 이미 1장에서 소개했지만, 프루스트의 『읽어버린 시간을 찾아서』에 쓰여 있는, 유명한 마들렌 에피소드다. 이처럼 미각이 오랜 옛날의 기억을 환기시키는 일도 있지만, 실제로는 청각적 자극에 의해 오래된 기억이 환기되는 일이 훨씬 많지 않을까.

우리도 젊었을 적에 들었던 곡을 들으면 그리움에 젖어 든다. 카페나 바에서 흐르고 있는 곡이 젊은 시절에 많이 들었던 곡이라면 그리운 느낌이 들 뿐만 아니라, 당시의 기억이 갑자기 되살아나기도 한다. 이 곡이 유행하던 무렵에는 이런 일이 있었지, 이런 기분으로 매일을 보냈었지, 등등 오랫동안 떠올리지 않았던 사건이나 자신의 상황을 떠올리기도 한다.

학창 시절의 친구들과의 모임 장소에서 젊은 시절에 유행했던 곡이 배경음악으로 흐르면, 누군가의 '그립네' 한마디로 갑자기 화제가 바뀌고, 그 곡이 자주 나왔던 당시의 추억담을 꽃피우기도 한다.

중년 취향의 옛날 유행가를 들려주는 텔레비전 프로그램이 많이 있는데, 그리운 멜로디는 어느 시대든지 사람의 마음에 스며드는 매력을 갖는 것이다.

이처럼 그리운 곡에는 당시의 기억을 되살려 주는 힘이 있다. 시험 삼아 옛날에 많이 들었던 곡을 떠올려 보고, 오랜만에 들어보면 어떨까. 많이 들었던 곡이라 해도, 시대에 따라 다양하게 있을 것이다.

학창 시절에 많이 들었던 곡. 실연당했을 때 많이 흐르던 곡. 20대 무렵에 노래방에서 불렀던 노래. 데이트하면서 함께 들었던 노래. 아이가 어렸을 적에 아이와 함께 많이 듣거나 불렀던 노래. 30대 시절에 많이 흥얼거렸던 노래. 일에 파묻혀 매일 힘들던 시절에 많이 흐르던 노래. 일을 마치고 피곤해서 돌아오면 기분전환으로 많이 들었던 곡. 어떤 곡을 듣느냐에 따라 활성화되는 자전적 기억은 달라지지만 다양한 시기에 귀에 익은 곡을 들음으로써 그리운 기억을 캐낼 수 있는 것만은 틀림없다.

옛 친구와 만나서
이야기를 나누는 장소를 만들자

젊었을 적에는 지금 당장을 열심히 살고 있는 느낌이지만, 어느 정도의 나이가 될 무렵부터는 옛날을 돌아보게 된다. 그리고 옛 동료들과 이야기하는 장을 갈구하는 사람이 늘어난다.

가혹한 현실사회에 적응하기 위해, 싫어도 자신을 굽힐 수밖에 없는 일은 얼마든지 있다.

영업 실적을 달성하기 위해서는 사생활을 희생할 수밖에 없기도 하다. 젊은 시절에는 가정을 소중히 하려 했는데, 어느샌가 가족생활을 내팽개치다시피 하는 날들이 되어 버렸다.

사람들을 위해서 살고 싶다, 사회에 공헌하는 일을 하고 싶다고 생각했는데, 회사에 방침에 따라 필요도 없는 것들을 소비자들에게 얼마나 팔아 치울지를 열심히 생각하는 내가 있다.

언제나 배우는 마음을 잃지 않고 살고 싶다고 생각했는데 일때문에 너무 힘들어 집에 돌아와서나 휴일에는 뒹굴뒹굴하기만 하고 책을 읽지도 않고 사색에 잠기지도 않고 게으르게 살고 있는 내가 있다.

누구에게도 부끄럽지 않은 성실한 인생을 살고 싶다고 생각했는데, 조직 내의 파벌싸움에 휘말려 누군가를 밀어내거나 밀려나는 추악한 세계에 들어 있다.

그럴 때 학창 시절의 친구를 만나면 예전의 나를 떠올리고, 나의 원점에서 멀리 떨어져 버린 자신을 새삼스럽게 깨닫고 '이러면 안 된다' '어떻게든 생활을 바꿔야지' 하는 생각이 든다. 그런 의미에서 옛 친구와 이야기를 나누는 장소는 나다움을 되돌리는 계기가 된다.

거기에 더해, 옛 친구와 이야기를 나누는 것은 그리운 기억을 발굴하는 계기를 부여해 주는 의미가 있다. 단지 눈앞에 있는 사진이나 물건과 달리, 상대방으로부터의 반응도 있다는 점에서는 옛 친구와 이야기를 나누는 것이 그리운 기억을 끌어내는 데에는 가장 유효한 방법이라고 말할 수 있다.

옛 친구와 만나서 학창 시절의 추억담을 나누거나 그 후의 만남 속에서의 추억담을 나눔으로써 요즘 잊어버리고 있던 그리운 기억이 차례차례 되살아난다. 별다른 추억담을 이야기하지 않는 경우에도 친구와 만남으로써 지금의 현실을 잠시 잊고, 그 친구와 함께 보냈던 무렵의 자신으로 돌아가는 부분이 있으며, 거기에서 그리운 기억이 되살아나기도 한다.

그런 의미에서도 옛 친구와 만나서 이런저런 이야기를 나누는 것도, 그리운 기억을 발굴하는데 추천하는 방법이다.

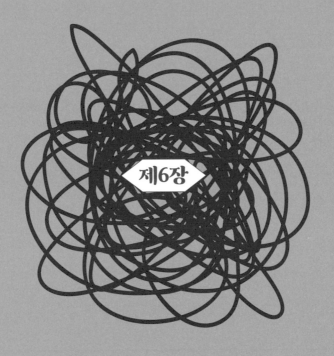

제6장

원하는 삶의 시작,
새로운 시점 장착하기

자존감도 기억하기 나름이다

나는 직업상 다른 사람들의 인생사를 들어 주는 조사를 오랫동안 해 왔고, 자신감이 없다는 사람들을 상담도 많이 했는데, 자신에게 자신감이 있는지, 자존감을 갖고 있는지도 기억하기 나름이라고 말할 수 있다.

열심히 고난을 헤쳐 온 경험이 있는 사람, 뭔가에 도전해서 성공해 본 기억이 있는 사람은 그런 기억이 자존감의 토대를 이루고 있다.

뭔가 잘되어 본 적이 없고, 무엇을 해도 안 되더라는 사람도 많이 있을 것이다. 열심히 해서 뭔가 결실을 보았다는 식의, 노력이 보상을 받은 적이 없어서 자신감을 가질 수가 없다는 사람이나, 비참한 일만 겪었을 뿐, 자랑스러운 일은 하나도 없다는 사람도 있을지 모른다.

그런 사람도 자전적 기억을 열심히 더듬어 보면 열심히 노력한 나, 건강한 내가 분명 어딘가에서 발견된다. 결과적으로 잘되지 않았더라도 노력이 결실을 보지 못했더라도, 열심히 노력한 자신이 있다는 것은 자존감의 근거가 된다.

학창 시절, 정식 멤버는 되지 못했지만 그래도 3년 동안 포기하지 않고 계속했던 특별 활동의 기억. 마음 맞는 친구는 사귀지 못했지만 하루도 결석하지 않고 무사히 마친 중학교 생활의 기억. 성적은 좋은 편이 아니었지만 공부를 포기하지 않고 수능시험을 열심히 준비했던 고등학교 시절의 기억. 결과적으로는 희망했던 학교에 진학하지 못했지만 시험공부에 몰두했던 청춘 시절의 기억. 출세와는 인연이 없지만 지금껏 부정부패 없이 일을 계속하고 있는 사회생활의 기억. 일은 힘들고 스트레스는 쌓이지만 가족을 위해 열심히 일하고 있는 자신에 대한 기억. 하고 싶은 일을 하고 있지는 않지만 성실하게 일해서 직장에서 신뢰를 받고 있는 자신에 대한 기억.

적어도 이런 기억이 있다면 특별한 성공 체험의 기억이 없더라도 충분히 자존감을 가질 수 있다.

다른 사람들에게 도움을 받았던 기억. 학교 선생님이나 특별 활동의 선배가 관심을 보이거나 기대감을 보여 주었던 기억. 고민하고 있을 때 친구들이 진지하게 이야기를 들어 준 기억. 언제나 함께했던 친구들 무리 덕분에 즐겁게 지냈던 시기의 기억.

그런 기억이 있으면 자신에게도 가치가 있다고 실감할 수 있으며, 자존감을 가질 수 있다. 누구도 홀로 지금에 이를 수는 없다. 다른 사람과의 만남이나 인연에 의해 자신의 다양한 면이 분출되거나 강화되는 것이다.

나는 어떻게 해서 '지금의 이런 나'가 되었을까. 그렇게 자문하면서 지금까지의 인생을 되돌아봄으로써 분명히 어떤 발견이 있을 것이다.

부정적인 기억과 친해지면 우울이 태어난다

우울해지기 쉬운 사람은 부정적인 기억을 반추하는 경향을 갖고 있는 경우가 많다.

이미 해설했듯이 기분일치 효과에 의해, 부정적인 기억일 때 과거를 돌아보면 그 기분에 익숙한 기억, 즉 부정적인 사건의 기억이 상기되기 쉽다. 부정적인 기억이 상기되면 싫은 기분이 되어, 더욱더 우울해진다.

이런 부정적인 기분과 부정적인 기억의 악순환을 끊으려면 기분이 우울할 때는 과거를 돌아보지 않도록 하는 것이 유효하다. 기분이 우울할 때 과거를 돌아보고, 싫은 사건의 기억을 반추하는 것은 금물이라고 말할 수 있다.

우울증 환자의 기억력이 나쁘다고도 하며, 우울 경향이 강한 사람은 과거의 기억이 아주 대략적이며 구체적인 에피소드를 거의 떠올리지 못하는, 이른바 초개괄적 기억을 갖고 있는 것도 그 때문이다. 부정적인 기분과 부정적인 기억의 악순환을 끊기 위한 자기방어의 심리 메커니즘이 작동하고 있는 것이라고 생각할 수 있다.

이런 심리 메커니즘을 힌트로 생각하면, 부정적인 기억을 끌어내지 않기 위해 기분이 우울할 때는 과거를 돌아보지 않도록 하는 것이 긍정적인 마음의 구조를 유지하기 위해 필요불가결한 방책이라고 말할 수 있다.

거기에 더해 중요한 것이 하나 더 있다. 그것은 4장에서 강조했던 것인데, 부정적인 사건에도 긍정적인 의미를 갖도록 만드는 것이다.

인생은 생각대로 되지 않는 일이 너무나 많다. '왜 이런 꼴을 당해야 하나' '왜 언제나 이 모양일까' 하고 낙심한 경험은 누구에게나 있다. 그래도 긍정적으로 살고 있는 사람도 있다. 그것은 부정적인 사건 안에도 긍정적인 의미를 찾아내는 습성이 몸에 배어 있기 때문이다.

모든 것이 생각대로 되는 인생은 있을 수 없다. 세상에서 어떤 특출난 실적을 내고 주목받고 있는 사람의 특징 등을 보더라도, 많은 난관을 극복해 왔기 지금이 있다는 이들이 눈에 띈다. 난관을 극복하는 힘. 그것은 긍정적인 의미부여의 힘에 의한 부분이 크지 않을까 생각한다.

부정적인 사건이 일어나지 않도록 하는 것은 불가능하지만 그것을 받아들이는 방식을 바꾸는 것은 가능하다. 부정적인 사건에도 긍정적인 의미부여를 할 수 있게 되면 어떤 인생도 긍정적으로 살 수 있게 될 것이다.

미래는 과거를 닮아간다?

철학자 흄은 '왜 미래는 과거를 닮았는가'라는 물음에 대해 우리가 미래를 과거와 닮은 것으로밖에 생각할 수 없기 때문이라고 한다.

흄은 어떤 사건 다음에 다른 사건이 일어나면 사람은 거기에 인과관계를 상정하는 경향이 있는데 이런 필연성은 마음속에 있는 개연성에 지나지 않으며, 과거의 사건과 미래의 사건 사이에 필연적인 관계는 있을 수 없고, 그것은 인간이 멋대로 상정하는 것이라고 주장했다.

원인으로 간주되는 사건과 결과로 간주되는 사건을 이어 주는 것은 경험으로 미래를 예측하는 심리적 습관이라는 것이다. 그러므로 우리는 과거를 닮은 것으로서 미래를 예상하는 것이다.

실제로 우리가 미래를 예상할 때는 그때까지의 인생 궤적을 전제로 삼아 그 연장 선상에 미래를 그리게 된다. 자신의 과거에 관계없이 그려진 미래예상도는 아무런 설득력이 없다.

업무에서 별로 튀지 않던 사람이 갑자기 회사를 세워서 성공하는 모습을 그리는 일 따위는 있을 수 없을 것이다. 회사를 세워서 성공하는 미래예상도를 그리기 위해서는 어떤 실적이 필요하다. 이런 것은 잘되어 있다는 과거의 실적이 있어야만 비로소 장래가 잘되어 있는 자신을 그릴 수 있는 것이다.

일본 장기 기사인 하부 요시하루羽生善治는 승부처에서 무엇보다 중요한 것은 직감력인데, 그것은 아무것도 없는 곳에서 갑자기 팍 떠오르는 것이 아니라고 한다. 완전히 제로인 상태에서 생겨나는 것이 아니라 그때까지 경험한 것 중에서 필요한 것이 순간적으로 떠오른다는 것이다. 즉 직감력이란, 지금까지 자신이 경험한 것이나 배워 온 지식 속에서 순간적으로 취사선택하여 판단하는 능력이다.

지금 자신이 직면하고 있는 상황에 가장 적합한 대처법을 순간적으로 판단하는 것을 잘하는 사람은 마법 같은 힘을 갖고 있는 것이 아니라, 지금 이 순간에 필요한 정보를 지금까지의 경험이나 지식의 축적 속에서 적확하게 끌어낼 수 있게끔, 기억이 정리되어 있는 것이다.

이처럼 미래를 그리는 데에도 직감력을 작동시키는 데에도 기억이 깊숙이 관여하고 있는 것이다.

밝은 전망이 긍정적인 기분을 낳는다

즉흥적으로 사는 사람은 밝은 전망을 가질 수 없다고들 말한다. 비행 청소년 연구 등에서도 그런 결과가 나와 있다.

그것은 생각해 보면 당연하다. 밝은 전망을 그릴 수 있다면 미래를 위해 지금은 힘들어도 열심히 하거나 참는 행동을 취할 수 있겠지만, 밝은 전망도 없는데 장래를 위해서 지금 힘든

데 열심히 하거나 참기는 정말 힘들다. 되도록 편하고 싶다, 지금이 좋으면 그러면 됐지, 하고 즉흥적으로 되는 것도 어쩔 수 없다.

쉽게 낙담하고 긍정적으로 사는 강한 힘을 느끼지 못하는 사람에게는 밝은 전망을 그리지 못하고 뭔가에 대해서 비관적으로 되기 쉬운 심리적 경향이 보인다.

가혹한 현실을 잘 살기 위해 필요한 마음의 지능지수라고 하는 EQ에도 낙관성이라는 요소가 있는데, 미래를 낙관하지 못하고 긍정적으로 사는 일은 불가능할 것이다. 밝은 미래를 그리지 못하고 미래에 가능성을 느끼지 못하는데 괴로움을 견디고 열심히 한다든지, 곤란과 맞선다든지, 노력을 계속하기는 어렵다.

그럼 어떻게 하면 낙관적이 될 수 있을까? 밝은 전망을 그릴 수 있을까?

반대로 생각해 보자. 왜 밝은 전망을 그릴 수 없는 것일까. 그것은 과거의 데이터가 부정적인 미래를 제시하고 있기 때문이다. 이미 지적했듯이 미래예상도는 과거의 실적을 토대로 그려진다.

그 과거의 실적, 즉 과거의 데이터란 사건 그 자체가 아니라 사건에 대한 평가, 즉 소재 자체가 아니라 평가를 동반하는 것이므로 하나의 해석에 불과하다.

그렇다면 생각대로 되지 않는 일이 많으니 밝은 전망을 그릴 수 없는 것도 당연하다는 식으로 갑자기 태도를 바꾸어 강하게 나오는 건 우스꽝스럽다. 과거의 사건에 대한 평가를 긍정적인 방향으로 바꿀 수 있어야 밝은 전망을 그릴 수 있게 되는 것이다.

그것은 결코 데이터의 개선 등이 아니다. 다시 한번 강조하지만 우리의 과거는 고정된 것이 아니라 특정한 시점에서 의미가 부여되어 있는 것이기 때문이다. 시점이 바뀌면 사건이 갖는 의미가 바뀐다. 사건이 갖는 의미는 보는 측이 해당하는 구도에 따라 달라진다.

그러므로 긍정적으로 살기 위해서 밝은 전망을 그릴 수 있도록 하려면 과거의 실적을 부정적으로밖에 평가하지 못하는 자기 자신의 시점을 뒤흔들 필요가 있다.

기억은 바꿔 칠할 수 있다

기억이란 사진이나 비디오 영상처럼 고정된 것이 아니라 대단히 흔들리기 쉬운 불안정한 것이다. 그러므로 기억은 바꿔 칠할 수 있다. 그렇게 말하면 '설마' 하는 사람도 있을 것이다. 그러나 기억의 착오가 일상적으로 일어나고 있는 것을 보면 기억이 얼마나 흔들리기 쉬운 것인지를 알 수 있다.

손님이 주문한 대로 상품을 내주었는데 자기가 주문한 것은 이게 아니라고 우긴다. 그 친구한테 예전에 들은 이야기인데 그것을 말한 기억이 없다고 한다. 그런 약속을 한 기억이 없는데 오늘 함께 외출하기로 하지 않았냐고 가족들이 말한다. 이런 기억의 착오는 누구라도 경험하면서 살아가고 있을 것이다.

사실은 하나라고 하면 왜 그런 일이 일어날까. 그것은 기억되고 있는 것은 '사실'이 아니라 '해석'이며, 사실에 '의미가 부여'되고 있기 때문이다.

사람은 의미를 실마리 삼아 기억해 낸다. 자기에게 중요한 의미를 갖는 것은 똑똑히 기억하지만 별로 중요한 의미를 갖지 않는 것들은 바로 잊어버린다. 심지어 자기가 느끼는 의미에 어울리는 방향으로 기억이 왜곡된다.

예를 들어 나는 고전적인 실험을 본떠서 이런 실험을 했다. 2개의 원을 직선으로 이은 도형을 보여 주고 형상을 기억하게 했다. 절반의 사람들이 보는 도형 아래에는 '안경'이라고 쓰고, 나머지 절반의 사람들이 보는 도형의 아래에는 '아령'이라고 써둔다. 한참 시간을 두고 아까 본 도형을 생각해 내서 백지에 그리게 했다.

그러자 분명히 같은 도형을 보고 기억했을 텐데 '안경'이라고 쓰여 있는 도형을 본 사람과 '아령'이라고 쓰여 있는 도형을 본 사람들 사이에는 기억해 낸 도형에 차이가 보였다. '안경'이라고 쓰인 도형을 본 사람들이 그린 것은 안경과 아주 비슷한, 선분이 짧고 2개의 원이 가까이 붙어 있는 것이었다. 그에 비해 '아령'이라고 쓰인 도형을 본 사람들이 그린 것은 대단히 아령 비슷한, 잡는 부분에 해당하는 선분이 길고 2개의 원은 멀리 떨어져 있는 것이었다.

이 결과에서 알 수 있는 것은, 우리는 도형을 기억하는 데에도 의미에 의존하고 있다는 점이다. '그것은 안경이었다'라고 생각하면서 상기하면 안경처럼 2개의 원이 가까이 붙고 '그건 아령이었다'라고 생각하면서 상기하면 아령처럼 2개의 원이 멀찍이 떨어진다.

이것은 우리의 기억이 의미부여에 의해 만들어지고 있다는 증거라고 말할 수 있다. 의미부여를 바꿈으로써 과거의 기억을 부정적인 것에서 긍정적인 것으로 바꿔 칠할 수 있음을 알 수 있다.

기억하는 시점을 흔들어서
기억을 다시 칠한다

당시에는 어찌해 볼 수 없는 난국이었다고 생각했던 일도, 지금 돌아보면 그렇게 대단한 일이 아닌 것처럼 느껴지는 경우가 있다. 당시는 참을 수 없이 화가 났던 사건도, 지금은 웃을 수 있는 해프닝으로 느껴지는 경우도 있다.

이런 일이 일어나는 것은 자신이 성장하고 세상사를 평가하는 시점이 달라졌기 때문이다. 인생 경험이 얕은 시점과 산전수전 다 겪으며 인생 경험을 쌓은 시점에서는 같은 눈으로 보아도 느끼는 것은 분명히 다르다.

사건에 절대적인 의미가 있는 것이 아니라 시점이 그것이 갖는 의미를 정한다.

그것을 이용하여 시점을 흔들어줌으로써 부정적으로밖에 생각하지 못했던 사건이 갖는 긍정적인 의미를 모색하는 것이다.

그것은 사건을 자기한테 맞춰서 바꿔 쓰는, 즉 고쳐 쓰는 것이 아니냐고 비판적으로 보는 사람도 있을 수 있다. 하지만 해석이란 아무것도 아닌 것이 아니다. 나름의 근거를 갖고 의미가 부여되어 있는 것이다.

애초에 사건이 갖는 의미는 딱 한 가지로 한정되지 않는다.

어떤 사건이든 관점에 따라 다양한 의미를 갖게 할 수 있다. 할머니로도 보이고 젊은 여성으로도 보이는 착시 그림이나 새로도 보이고 토끼로도 보이는 착시 그림을 본 적이 있는가? 어떤 사건이든 착시 그림과 같은 것이다.

애인에게 배신당해서 울면서 지냈던 경험도 떠올리기도 싫은 비참한 사건으로 간주할 수도 있겠지만 인생에는 이런 일도 있다고 통감할 수 있게 되어 좌절에 대한 저항력을 키워 준 교훈이 되는 사건으로 볼 수도 있을 것이다.

대입 시험에서 지망했던 대학에 들어가지 못했던 일이 자신의 내리막길 인생의 시작이었다는 사람이 있는가 하면, 후기대학에 갈 수밖에 없었을 때는 좌절감에 사로잡혔지만, 거기서 만난 친구들은 평생의 벗이 되었고, 그 학교라서 다행이었다고 문득문득 생각하는 사람도 있다. 지망 학교에 들어가지 못했던 일의 의미부여도 다양한 법이다.

과거의 사건을 떠올릴 때, 그 사건을 지금의 시점에서 의미부여를 하게 된다. 후회하는 것도, 화가 나는 기억도, 그리운 기억도, 당시의 자신이 아니라 지금의 자신이다. 과거를 돌아보고 과거의 자신과 만남으로써 초래되는 재발견은 당시의 자신의 시점이 아니라 지금의 자신의 시점에 의해 초래되는 것이다.

그러므로 부정적인 사건이 갖는 긍정적인 의미를 모색하려면 시점을 흔들어 볼 일이다.

기억을 흔드는 새로운 시점을 얻으려면

시점이 바뀌면 과거의 사건에 대한 평가도 바뀐다. 그러므로 부정적인 사건에서도 긍정적인 의미를 찾아내려고 하기 위해서는 새로운 시점에서 인생을 돌아보는 일이 필요하다는 것을 알 수 있다. 새로운 시점에서 기억을 흔드는 것이다.

그러기 위해서는 자신이 인생 경험을 축적함으로써 성장하는 것이 유효하지만, 그것은 시간이 많이 걸린다. 그래서 또 하나의 방법으로, 타인의 시점을 자기 안에 적극적으로 취하는 것이 유효하다.

가장 빠른 것은 다른 사람과 이야기를 나누는 것이다.

옛 친구와 오랜만에 만나서 추억담을 나눠 보면 서로가 기억하고 있는 것이 이렇게나 다른지 놀라는 일이 있을 것이다. 나도 종종 그런 일을 경험한다.

학창 시절에 눈앞의 두 사람이 크게 말다툼을 벌이고 내가 중재한 일이 있었는데, 정작 당사자인 둘은 전혀 기억하지 못하고 '또 이야기를 만들어 낸다'는 식으로 말한다. 당사자들의 기억에 없으니 그것은 없었던 일이 되어 버린다.

젊었을 적에 함께 여행을 했을 때의 이야기로 떠들썩할 때도, 내가 기억하고 있는 에피소드를 상대방은 기억하고 있지 않고, '그런 일이 있었나?' 한다. 반대로, 상대방이 떠올린 에피소드를 나는 전혀 기억하지 못하고 '그런 일이 있었던가?' 한다.

같은 시간 같은 장소에서 같은 일을 경험했는데 사람에 따라 시점이 다르기 때문에 기억하고 있는 내용도 인상도 전혀 다른 것이다.

이것을 응용하지 않는 방법은 없다. 새로운 시점을 손에 넣기 위해, 다른 사람의 시점을 취하는 것이다. 그럼으로써 자신의 과거도 다른 시점에서 돌아볼 수 있게 된다.

그러기 위해 유효한 것은 다른 사람과 이야기를 나누는 것이다. 사실, 평소에 별로 의식하고 있지 않을지 모르지만 우리는 다른 사람과 이야기하면서 상대방의 시점을 입력하는 마음의 작업을 하고 있다. 그것은 추억담에만 한정되지 않는다.

예를 들어 지금 하는 일은 수입이 적은데 일의 강도는 높아서 보상받지 못한다고 이야기했다고 하자. 상대가 그대로 이해해 준다면 시점의 변경은 일어나지 않는다. 하지만 상대방이 '하는 일에 비해 훨씬 많은 보상을 받고 있는 것 아닌가' 하고 생각한다면 이쪽의 말을 좀처럼 이해해 주지 않고, 상대의 시점에서 의문을 던지거나 충고를 하므로 이쪽도 이러저러하다고 시점을 바꿔서 다시 설명하게 된다. 그렇게 옥신각신하는 와중에 시점이 흔들리고 '시점을 바꾸면 그럴지도 모르겠다' 하고 생각하게 되기도 한다.

상사한테 이런 말을 들었다, 정말 열 받는다, 용서할 수 없다, 하고 다른 친구에게 씩씩거리는 사람이 있다고 하자. '그건 심하다' '용서가 안 된다' 하고 동조하기만 하는 친구로는 시점이 흔들리는 일은 없을지 모른다. 하지만 친구가 차분하게 '상사 입장이라면 이런 사정도 있는 것 아닐까' 하고 본인에게 없었던 시점에서 설명을 한다면 '그래, 그럴 수도 있겠다' 하고 생각하고 화가 가라앉기도 한다. 거기서도 시점의 흔들림이 생긴 것이다.

회사를 그만두고 싶다고 난리법석을 피우던 사람이 다른 사람과 상담을 하고 자신의 생각을 이야기하는 동안에 사표를 내는 것을 포기하는 때도 이렇게 시점의 흔들림이 생겨서 상대방의 시점을 받아들임으로써 시점의 전환이 일어난 것이다.

다른 사람과 이야기를 나누는 풍부한 경험을 함으로써 다양한 시점에서 사물을 볼 수 있게 된다면, 인생을 돌아볼 때에도 예전에는 힘들고 싫은 사건이라고 생각했던 자신의 경험이나 곤란이 그 정도는 아니라고 생각하게 되기도 한다.

대화란 상대방이 납득해 주지 않는 이상 앞으로 나아갈 수 없다. 상대방이 '그래, 그래' '그렇지, 알겠어' '확실히 그렇네' 하고 납득해 주면 시점의 흔들림은 생기지 않지만 '그럴까' '좀 다르지 않나' '생각이 지나친 것 아닌가' 하고 의문을 던지면 상대의 시점에 상상력을 작동시킨 시점에서 자신의 경험이나 상황을 돌아보는 일이 가능해지는 것이다.

뭔가 고민하는 일이 있을 때는 누군가에게 말을 하고 싶어지는 법인데, 자기 이야기의 심리학 입장에서 보면 그것 역시 지금 자신의 시점으로는 소화할 수 없는 사건이나 상황을 제대로 소화하는 데 필요한 새로운 시점을 찾기 위해서라고 볼 수 있다. 자신에게 닥쳐온 부정적인 사건, 자신이 내몰린 상황을 어떻게든 뛰어넘으려면 조금이라도 긍정적인 의미부여가 가능한 시점을 획득할 수 있는지 여부가 열쇠가 된다.

자신의 고민이나 괴로운 기분을 다른 사람에게 이야기할 때 생각을 뱉어 냄으로써 후련해지는 카타르시스 효과를 얻을 뿐만 아니라 새로운 시점도 모색하는 것이다.

새로운 시점을 손에 넣기 위해 유효한 또 한 가지 방법으로 책을 읽으라고 권하고 싶다.

다양한 시점을 접할 필요가 있기는 하지만, 현실적으로는 만나서 이야기할 만한 사람의 수는 아무래도 한정되어 있다. 특히 속마음을 드러내는 깊은 이야기를 할 수 있는 상대는 비슷한 환경에 적을 둔 인물인 경우가 많으며 경험도 가치관도 비슷하고, 그처럼 다른 시점을 갖고 있기 힘든 경우도 있다.

그에 비해 책을 통해서 만날 수 있는 작가나 등장인물은 나와는 전혀 다른 세계의 존재다. 태생도, 성격도, 능력도, 가치관도, 살고 있는 상황도, 전혀 다른 것이다.

책을 통해 접하는 세계에는 요즘 자기가 생각도 못 했던 시점이 있기도 하다. 그렇게까지 이질적이지는 않더라도 작가나 등장인물의 환경이나 감수성, 사물을 대하는 견해나 행동 패턴을 접하면서 '이것은 나보다 훨씬 가혹한 상황이었네' '이런 행운이 일어나는 일도 있네' '이렇게 받아들일 수도 있겠다' '정말 터프하군' '뭔가 낙천적인 사람이네' '그건 좀 심한걸' '거기까지 생각할 수 있다니' 등등 마음속에서 반응하면서 읽는 동안에 어느샌가 나의 시점이 흔들린다. 그럼으로써 새로운 깨달음을 얻거나 자신의 경우나 다양한 경험이 상대적이 되어 지금까지와는 달리 보이게 되기도 한다.

그런 효과도 있으므로 독서를 많이 해야 한다.

다른 사람과 이야기를 나누는 것은 중요하다든지 책을 읽지 않으면 안 된다 등등, 많은 인생론에서 말해 주는 것들은 기억론의 관점에서 보아도 확실한 과학적 근거가 있으며 기억정리법에서 보아도 아주 중요한 일이라고 말할 수 있다.

인생을 긍정적으로 돌아볼 수 있게 되면 미래가 바뀐다

지금까지 고교생에서 고령자까지 몇백 명의 사람들을 대상으로 내가 개발한 자기 이야기법의 상담을 해 왔다. 글로 쓰는 형식까지 더하면 1천 명이 훨씬 넘는 사람들의 자기 이야기를 추출해 왔다. 상담을 한 사람들에게는 시간을 두고 몇 번을 되풀이함으로써, 필요에 따라 기억 속에 보존되어 있는 자기 이야기 다시 칠하기를 서포트해 왔다.

많은 사람들의 자기 이야기를 듣고, 때로 그 기억을 다시 칠하는 것을 돕는 일을 통해서 나는 다음과 같은 확신을 얻기에 이르렀다. 그것은 인생의 선악은 라이프 이벤트에 의해 정해지는 것이 아니라 그것들에 어떻게 의미를 부여하는가로 정해진다는 것이다.

자기 인생은 그리 나쁘지 않았다고 만족스럽게 이야기하는 사람이 자기 인생은 실패라고 투덜거리며 말하는 사람에 비해 반드시 긍정적인 사건을 많이 만난 것은 아니다. 오히려 많은 부정적인 사건을 경험하고 있는 경우도 많다. 그럼에도 긍정적으로 돌아볼 수 있으므로 긍정적으로 살아갈 수 있는 것이다.

후회하는 일은 물론 여럿 있으며 힘들었던 일도 있지만, 뭐 인생은 그런 것이고 나름 좋은 인생이었다고 생각한다고 말하는 사람 쪽이, 자신의 인생은 싫은 일뿐이었다고 말하는 사람보다도 많은 곤란을 겪었던 경우도 결코 드물지 않다.

여기서 알 수 있는 것은 인생을 받아들이고 만족하는지 여부는 만난 행운의 수나 불행·곤경의 숫자로 정해지는 것이 아니라 그것들에 대한 주관적인 평가로 정해진다는 것이다. 불운한 사건이나 곤경의 숫자보다 그것들을 어떻게 평가하고 어떻게 대처했는지가 문제인 것이다.

부모와의 불화, 대입 실패, 원치 않던 입학, 친구와 사이가 틀어짐, 본의 아닌 유급, 실연, 취직 실패, 어쩔 수 없는 전직, 업무상 실패, 상사와 코드가 맞지 않음, 고객과의 트러블, 배우자와의 불화, 이혼, 재산 형성의 실패, 회사의 도산, 명예퇴직이라는 이름의 해고, 질병이나 부상 등 살아가면서 생각지도 못한 곤경에 처하는 일이 종종 있다.

이런 곤란한 상태를 경험하지 않는 것이 납득할 수 있는 인생이나 긍정적으로 살아가는 자세로 이어지는 것은 아니다. 인생을 긍정적으로 걷고 있는 사람에게는 기억정리법의 시점에서 보아 흥미로운 공통점이 있다.

그것은 과거를 돌아볼 때, 예전에 닥친 곤경에 대해 '지금의 나를 만든 자양분이 되었다'라는 의미부여를 하고 있다는 것이다.

그 혹독한 상황에서 정신력이 단련되었다. 열심히 해도 보상받지 못했던 경험을 함으로써 다른 사람에게 관대해졌다. 이런저런 힘든 일이 있어서 다른 사람 마음을 잘 헤아릴 줄 아는 사람이 되었다. 행복한 가정에서 태어나지 못했으므로 오히려 가정을 소중히 여기게 되었다. 커다란 좌절을 경험함으로써 인간적으로 성장할 수 있었다.

이런 느낌으로, 부정적인 사건이나 상황에도 긍정적인 의미를 찾아낼 수 있는 사람의 인생이 더 잘 풀리는 것은 분명한 사실이다.